中华现代学术名著丛书

神学四讲

赵紫宸 著

创于1897 商务印书馆 The Commercial Press

2014年·北京

图书在版编目(CIP)数据

神学四讲/赵紫宸著.—北京:商务印书馆,2014
(中华现代学术名著丛书)
ISBN 978-7-100-10486-9

I.①神… II.①赵… III.①神学—研究 IV.①B972

中国版本图书馆 CIP 数据核字(2013)第 286639 号

本书据商务印书馆
《赵紫宸文集》(第二卷)2004 年版排印

中华现代学术名著丛书
神学四讲
赵紫宸 著

商务印书馆出版
(北京王府井大街36号 邮政编码 100710)
商务印书馆发行
北京瑞古冠中印刷厂印刷
ISBN 978-7-100-10486-9

2014年7月第1版 开本 880×1240 1/32
2014年7月北京第1次印刷 印张 3½ 插页 1
定价: 12.00 元

赵紫宸

(1888—1979)

作者手迹

出版说明

百年前,张之洞尝劝学曰:“世运之明晦,人才之盛衰,其表在政,其里在学。”是时,国势颓危,列强环伺,传统频遭质疑,西学新知亟亟而入。一时间,中西学并立,文史哲分家,经济、政治、社会等新学科勃兴,令国人乱花迷眼。然而,淆乱之中,自有元气淋漓之象。中华现代学术之转型正是完成于这一混沌时期,于切磋琢磨、交锋碰撞中不断前行,涌现了一大批学术名家与经典之作。而学术与思想之新变,亦带动了社会各领域的全面转型,为中华复兴奠定了坚实基础。

时至今日,中华现代学术已走过百余年,其间百家林立、论辩蜂起,沉浮消长瞬息万变,情势之复杂自不待言。温故而知新,述往事而思来者。“中华现代学术名著丛书”之编纂,其意正在于此,冀辨章学术,考镜源流,收纳各学科学派名家名作,以展现中华传统文化之新变,探求中华现代学术之根基。

“中华现代学术名著丛书”收录上自晚清下至20世纪80年代末中国大陆及港澳台地区、海外华人学者的原创学术名著(包括外文著作),以人文社会科学为主体兼及其他,涵盖文学、历史、哲学、政治、经济、法律和社会学等众多学科。

出版“中华现代学术名著丛书”，为本馆一大夙愿。自1897年始创起，本馆以“昌明教育，开启民智”为己任，有幸首刊了中华现代学术史上诸多开山之著、扛鼎之作；于中华现代学术之建立与变迁而言，既为参与者，也是见证者。作为对前人出版成绩与文化理念的承续，本馆倾力谋划，经学界通人擘画，并得国家出版基金支持，终以此丛书呈现于读者面前。唯望无论多少年，皆能傲立于书架，并希冀其能与“汉译世界学术名著丛书”共相辉映。如此宏愿，难免汲深绠短之忧，诚盼专家学者和广大读者共襄助之。

商务印书馆编辑部

2010年12月

凡　　例

一、“中华现代学术名著丛书”收录晚清以迄20世纪80年代末，为中华学人所著，成就斐然、泽被学林之学术著作。入选著作以名著为主，酌量选录名篇合集。

二、入选著作内容、编次一仍其旧，唯各书卷首冠以作者照片、手迹等。卷末附作者学术年表和题解文章，诚邀专家学者撰写而成，意在介绍作者学术成就，著作成书背景、学术价值及版本流变等情况。

三、入选著作率以原刊或作者修订、校阅本为底本，参校他本，正其讹误。前人引书，时有省略更改，倘不失原意，则不以原书文字改动引文；如确需校改，则出脚注说明版本依据，以“编者注”或“校者注”形式说明。

四、作者自有其文字风格，各时代均有其语言习惯，故不按现行用法、写法及表现手法改动原文；原书专名（人名、地名、术语）及译名与今不统一者，亦不作改动。如确系作者笔误、排印舛误、数据计算与外文拼写错误等，则予径改。

五、原书为直（横）排繁体者，除个别特殊情况，均改作横排简体。其中原书无标点或仅有简单断句者，一律改为新式标点,专名号从略。

六、除特殊情况外,原书篇后注移作脚注,双行夹注改为单行夹注。文献著录则从其原貌,稍加统一。

七、原书因年代久远而字迹模糊或纸页残缺者,据所缺字数用“□”表示;字数难以确定者,则用“(下缺)”表示。

目　　录

编者按语[*]

本书为赵紫宸先生最晚出版的神学论著，于1948年5月完成。全书四章四万余字，分别论述创造，道成肉身，救赎及道德神学，被作者自喻为其系统神学著作之肇始，但其后由于种种原因，未能再有著述问世，故成为研究作者后期较成熟之神学思想的重要作品。

与作者的早期自由主义神学思想相比较，本书在“基督论”和“救赎论”两章中的观念已有显著的转变，作者不再关注于耶稣的人格性和上帝的道德性拯救，而是肯定了耶稣首先作为一位先存永恒的神的道成肉身，并且极富创见地阐释了基督在世为人的神人两性，以及上帝透过其旨在对人实施救赎所必须的神与人两方面的同一，强调在得救问题上双方的价值与共同努力。而在“道德论”一章中，作者通过对基督之权能与人之归宿的诠释，系统地阐发了建立在上帝启示之上的基督教的道德神学。

本书取自上海青年协会书局1948年12月初版，与香港基督教辅侨出版社1955年12月初版进行了互校。

---

* 此为《赵紫宸文集》（第二卷）编者所加按语。

序

中华基督教会广东协会三十周年纪念,邀我讲基督教思潮,我因兴趣所到,选择了神学题目,以相周旋。教会须要有神学,中国的教会须要有中国人自发的神学。这四篇文字,是中国人在神学上的试作,研几未熟,阙误甚多,本不宜遂付剞劂。所以不揣谫陋,即以发表,不过是要起一个头。俗语说,粃糠搓绳起头难。开了始,深望基督教神学界即能施以批评,并且源源地将神学的思想与写作涌出来。

这四篇当然只是涓涓的细流。作者接受了耶稣基督的启示,自有生源,虽细流何妨。四篇俱以上帝在基督里的启示为根基,论创世,成身,救赎,与道德的生活。篇章有限,其中当然不能详论理性与启示的性质与关系,亦不能讲到圣灵,提及三一论,以及教会、将来等等的教理。作者的思想曾受何种影响,曾起何种变化,文中自不能传述,有研究的神学者当可一望而知,不谙神学的读者,望文生义,即不知其中思想的来源,亦没有什么关系。文中不作引征之词,不假参考之书,自说自话,只求合于《圣经》,不求徒事敷陈。刚刚脱稿,作者已自下严切的批评,深致不惬;然而至终不改一字,即以付梓,因其大旨已定,修删是无益的了。上帝若赐予岁月,赐予安恬的心情,则较为有统系的神学书,应可于将来写成;此时起一个头,也就是了。

赵紫宸　一九四八年六月五日于北平燕大宗教学院

创世论

本书要简单地说明神学上几个重要的问题。未曾阐解之先，我们应当审查我们所用的题材，所持的工具。题材是启示，工具是理性，用理性来解释题材是神学的工作。理性没有题材是不能有作用的，理性本身，不能凭空造出事情作研究的对象，须要有题材的供给。而基督教是宗教，宗教的事实，在基督教方面看，当是超越万有贯彻的上帝。上帝可以尽理性，理性无以穷上帝。上帝若非自己供给题材，宗教上即无有事实，无有题材。由经典的记载，教会史乘的传叙，历代圣众的经验种种方面看来，基督教神学的题材是上帝在基督里有启示。理性就要在这个题材上作工夫，成知解。神学是一种学问。各种学问都有所与，即都有题材，都用理性，即都凭思想去解释所与的题材；理性认定了、接受了题材之后，不再到题材的背后去问为什么有这样的供应。当然，理性可以批评题材，决定其真实与否，一到决定之后，便是作解释。不过神学的题材是启示，启示是信仰所接受的，取来交给理性，命其作解释。题材既为信仰的对象，理性即不能对于题材下一个有无此事的判断。理性若下一个启示实在的判断，至多不过给信仰几个理由，决不能断然地说信仰所接受的启示，一定有或一定无有。理性若否定启示是题材，那末题材既非真实，理性在神学上就没有事可做的了。换句话说，在神学上，理性是为信仰作解释，使信者澈见所信的合于理性，而不背于理性，超于理性，而非逆乎理性。所接受的题材，是由信仰供给的，不是自己造作的。近代的神学中有些学派昧于宗教的性质，既要讲宗教，后要搜集合于科学的题材；所以在各种宗教里找寻公有的基本事实，在人类的宗教经验里追求宗教的实体，所索得的是人文，而不是启示。于是乎拒绝启示，专讲经验，绕了很远的圈子，所得到的只是无实性的，主观的，不是由上帝启示的所谓之宗教。这种宗教，异乎基督教的本质，同乎人文主义，自然主义，虽仍基督教之名，却已不是基督所垂示，使徒以及历代教会所信从的真际了。基督教的内包既已空虚，宗教的依托，信仰的热忱，也就因须依持人力，而至冷落凋零。人文是不能代替宗教的；宗教之所以为宗教，原是因人不能自力出罪恶，得成全，须要超乎人生、超乎自然的上帝来救度，所以须要启示，须要救主。自由主义的神学，单位教①的理论，新自然主义的讲解，只能归结于人自己。我们可以接受他们的批评与学术上的贡献，不能随从他们的误解。他们将信仰当作理性，理性当作信仰，漫无限止，昧于真实，把下金蛋的神鹅宰了，还想天天得金蛋。在于我们，神学不走他们的路子，先接受启示，然后作解释。上帝在基督里的启示，综起来说，即是基督，即是我们的题材。起点是宗教，是信仰，是接受。

其次，我们讲基督教的思想，讲神学，并不是在真空里讨生活。我们有我们的背景，有我们的环境。我们住在中国，住在中国，有中国的文化背景，有中国的社会环境。作讲解，一方面要与这文化背景发生接触，与这社会发生联系；一方面要说明基督教自身的性质，补充中国文化的亏阙，供给社会的需求。中国的文化，是农业社会的文化，在思想理论与生活态度上都很接近自然。中国人大都相信人类只有这个现象世界，以及世界上的芸芸众生，除却了这世界与世人，更没有超越的真际。所谓理、性、天、道、法、都是与形式、物质合而不离的，也都是内在的，不是超越的。任乎自然是中国的大道理。老百姓依地为生，靠天吃饭，耕田作农，娶妻生子，天生天化，在承平的时代自得其乐，在战乱的时节听天由命。大人先生们挂着儒家的招牌，抱着道家的态度，其上也者还是志于道、依于艺，其下也者还是升官发财。到了今日，表面上都改了样子，骨子里依然满含着道家逍遥游的精神，儒家无可无不可的情态。这样的人最会自诩优容的大度，实收浮漂的细利，对于宗教最不在乎，对于宽大的自由主义，科学式的自然主义，艺术化的人文主义，理性化的学问主义最能兼收并蓄，五体投地地投降；而对于讲启示的基督教最不能领悟。他们自己最迷信，最会崇拜自手所造的偶像，却最不会领受超自然超人生宗教的真实，最不容易相信人格的上帝。自信不迷信的人是最迷信的，也是最怕迷信，也是毫无任何信仰的。可是现在中国文化崩溃了，种种社会制度解组了。基督教在中国倒有了良好的机会，一则因为人比从前稍微谦卑些了，稍微要寻求信仰了；一则因为基督教碰到共产主义强烈的对抗了。文化是不怕矛盾的，基督教是不怕反抗的，艰难的当前正是新文化，新信仰的开始。所以基督教尽可以讲与中国文化中国民族性相冲撞的启示，将强有力的新血液注射到中国人中间去。基督教所有的是中国所没有的，以有加于没有，当然不必惧怕矛盾与冲突。明白了这一点，我们就可以讲启示了。

基督教的启示，是上帝自己所说的话。上帝一说话就是创造的表显；所以讲启示必先从创世起，必先提到创世论。读者听了这句话，不免要有点诧异，但请略为忍耐，慢慢地看下去，自然会知道其中的缘由。我们先要问，上帝什么时候开始作启示，开始说话的。回答是在创造世界的当际。我们若又问：上帝什么时候创造世界？回答是没有什么时候。上帝自存而永存，不住在时间之内；不变不易，真性长圆。上帝是创造的主宰，即永远长恒是创造的主宰；他既是永远长恒的创造主，我们当然想不出有上帝而没有被造的世界。难道被造的世界与上帝一样地永远长恒么？是，也不是。第一：上帝长恒，无时无空，不入于时间，不限于空间，不旋转于时空。其静也为永恒的本体，其动也为创造的诸相；创造的行为发生受造的万有，万有本身旋转而为时间，万有殊相互立而为空间，万有含蕴于时空，时空实现于万有。相互相转，变化迁易，而人莫可见其端倪。创造的行为乃是一个奥秘。上帝永恒，永恒者不变不易，而不变不易者为一切变易的主宰。所以上帝永恒，所造的万有不永恒；上帝为主，万有为上帝所遣使，虽有上帝，即有万物，由主与非主而观之，却依然是上帝永恒，万有不永恒；万物不与上帝并为永恒。上帝长有，万有不长有；上帝无始终，万有有始终。上帝则起初如此，现在如此，永远亦如此，世世无尽。万有则此时如此，彼时不一定如此，今日如此，明日不一定如此。上帝自足，万物不自足；上帝自由而自存，万有则依赖上帝而得存。上帝万能，而不能不为上帝，不能不永为上帝。上帝万能，却不能违反自己的本性，不为上帝，即违反自己的本性，所以万能而不能不为上帝。但是上帝为创造之主，不能使自己变易，乃能使所造的万有变易。上帝超时空，万有不超时空；人不能说上帝有始，不能问上帝起于什么时候，却能想万有有始终。万有之始，为上帝所始，万有之终，为上帝所终。不变不易，如何使万有有变易，无终无始，如何使万有有始终。人的智力有限，理知有穷，所以说须凭信仰，又所以说一能统殊,全能使矛盾为综合,综合于神化之中,是谓奥秘。全能本非人所可知,本为奥秘,全能之能,能使相反者相成,相远者相近,相背者相接。这些话,并非虚构,若必欲找根基,则请看自己。人即是矛盾的综合,因为人是一是多,是同是异,是独是众,是常是暂,是恒是变,是绝对是相对,是自由是必要,诸凡矛盾,合于一生,如何合一,大智莫之知。莫之知,而又为事实,即是一个奥秘,奥秘原是长有的,平凡的,可使人惊异,而不足以为骇怪的。然则,我们说上帝永恒,万有不永恒,可以不说时间而知先后;上帝在先,万物为后,世界非泛神之神,而上帝为独一超越的创造的主宰。上帝不测,万有亦不测;上帝不测因为常,万有亦不测因为无常。常者无以测其神妙,无以测其渊深。无常者,虽有定则,虽有规程,而只能识其大概,不能决其必然如此,必然如彼,明日必然出太阳,世界必然无止境,人生必然有如此如彼的结局。万有是一个大不测,万有之内,无有自定自由的实在,必倚乎上帝的旨意与作为。我们问上帝永恒,在什么时间创造世界;我们思想所及,只能回答说上帝不在古时创造世界,不在将来创造世界,只在无前无后,不是时间中的现在之现在里创造世界。由人的话可说之处而言,只有说上帝无时不创造世界。在这一刹那中,上帝创造。在无量数的刹那中,上帝创造。上帝若止息创造,万有即要烟消而水逝,星散而云尽,归于乌有了。耶稣说:“我父作工,直到如今,我也作工。”所谓安息日,乃是为人设立的;上帝永无止息。

再进一层,我们要问上帝怎样创造世界。《圣经》里说:“上帝说,当有光,就有了光。”(《创世记》一章三节)上帝创造是用他自己的话。又说:“太初有话,话与上帝同在,话就是上帝。这话太初与上帝同在;万有是借着话创造的;凡创造的,没有一样不是借着话创造的。"(《约翰福音》一章一至三节)又说:"主的言语正直,主的一切作为,尽皆诚实……天因主命而造,天上万象,也由主嘘气而成……因为主说有便有,命立便立。"(《诗篇》三十三篇四至九节)上帝用自己的话创造世界,就是用自己创造世界,上帝就是话,上帝的话就是上帝自己,上帝自己就是上帝的话,《圣经》里说:话就是上帝。我们再问,一句话如何便是创造呢?我们不能完全答复这个问题,因为创造的化工是超乎人的经验的;我们却又可以不完全地答复这个问题,因为我们也稍微有创造的经验。上帝用话创造,上帝自己又是话,所以上帝用自己创造。上帝不用材料创造,所以我们不能解释创造,因为我们创造必须用材料。上帝之外,并无材料。古昔的神学家以为上帝创造世界,使有出于无,又说有不能出于无,惟无出于无。他们碰到了难题,没有想到上帝用自己创造世界,并非有出于无,并非无归于无。上帝不用材料造世界,而用自己造世界;在用自己创造这一端上,我们可以讲,因为我们也用自己创造。我们固然用材料创造,没有纸笔墨砚我们不能写文章。我们的能事是使有关系的东西断绝了关系,例如使金离沙,使铁出土,使不发生关系的东西发生关系,例如使玻璃为灯罩,铜丝作电线,其他的物件成这样那样,合成一盏电灯。这是用材料,这是用材料的创造,是我们的创造,不是上帝的创造。但是一篇文章,有我自己在里头,一幅画图,有我自己在里头,任何一种制作品,无论大小,无论简单复杂,都有人们的心思智慧在里头。倪迂作画是写他胸中的逸气,人们欣赏他的枯笔淡墨,不能不见倪迂在画里;杜甫独立苍茫自咏诗,人们诵其名句,不能不睹其中有乾坤一腐儒。读其诗,可以想见其为人;观其书,可以接触其为人。人自己就在他的作品里。这样,上帝用自己造物,我们也用自己造物;上帝用话造物,我们也用话造物。话是思想情绪意志趣向的表达,即是自己的表达。上帝用自己造生命;我们有限量,但也用自己造生命。男女媾婚,阴阳交泽,而生子女,均多少是自己的开展,多少像自己,肖自己。化工虽神妙,我们也稍微懂得一点儿。

上帝的话,就是上帝自己,话成肉身,就是无形无象、无声无嗅、无始无终的上帝有形有体地、充充满满地在住在耶稣基督之内。基督是上帝的话,上帝用话创造万有,即是上帝用基督创造万有,也即是基督自己创造万有。经上说:“他曾立子为万有之主,又曾借子创造诸世界。子是上帝荣耀所发的光辉,是上帝本体的真象。”(《希伯来书》一章二至三节)经上又说:“他是不能看见的上帝的像,是首生的,在万有之先。万有都是靠他创造的,无论天上的、地上的、有形的、无形的、有位的、主治的、执政的、掌权的,都是靠他创造,也是为他创造。他在万有之先,万有靠他而立。”(《歌罗西书》一章十五至十七节)然则上帝创造万有,是上帝全能的施舍,自己的给予,本身的牺牲。上帝自己开拓出来,成了世界,自己表显出来,成了基督。创造是基督的活动,是圣子的作为。我们看见了世界,便看见了上帝的神性与永能;我们觉察了内心,便瞻瞩了上帝的妙慧与恩慈。所以保罗说:“上帝的事情,人所能知道的,原显明在人心里。”又说:“自从造天地以来,上帝的永能与神性,是明明可知的,虽然眼不能见,但观察他所造之物,就可以晓得。”(《罗马书》一章十九、二十节)上帝的话是自己,又是自己的理性,彰而明之,就是圣子,吾主耶稣基督,表而出之,就是万有的法律,众殊的规程。天生蒸民,有物有则,民之秉彝,好是懿德。万有之则,众生之规,在耶稣基督里成了一个集中点。这样,自创世而成身,由造化而为世,是一贯相承,一线相延的上帝的作为。

上帝又为什么要创造呢？回答是不为什么。问为什么就是问目的，问宗旨。上帝是纯全整一的神，自身之外，更无所有，既已纯全，更何所求。既已整一，更何可以言零。既已纯全整一，自无需要达到的目的；既已至高至上，自无可宗可仰的旨意。所以我们若问上帝为什么创造世界，惟一的回答是不为什么。但又果然不为什么吗？那又不然。上帝是上帝，不能不作上帝，不能不造万有；为的是上帝是上帝。本来如此，原来如此。人自己是有目的的，要后顾要前瞻，后顾有影子，前瞻有将来，所以凡事要问为什么，问为什么是人的不纯全整一，也是人的荣耀。为要教人自己得了解，所以有问，问的结果是上帝不为什么，只是为了上帝自己而创造世界。上帝自己是上帝的目的，是上帝的宗旨。我们可以说，上帝为要彰显自己的爱，为要成全人，使人得有上帝的光荣，所以创造世界。这样一说，就说远了，所说的也许没有错，但是一问为什么，连来了一连串永无终止的为什么。上帝为什么造世界，因为他要人类享受世界；上帝为什么要人类享受世界，因为上帝爱人；上帝为什么爱人，因为人是依照上帝的形象造的；上帝为什么要照自己的形象造人，因为上帝是爱；上帝为什么是爱，因为上帝是上帝。为什么，为什么，为什么，问下去是不能断的，不能断就是不能回答的，不能回答，就只有兜圈子，绕了很远很大的圈子，至终还只说得上帝造世界，因为上帝是上帝，是为上帝自己，是不能不作上帝。我们问男子为什么要爱女子，女子为什么要爱男子，我们答的时候，只能说男是男，女是女，人是人。男女成夫妇，生子女；若问男女为什么要生子女，我们也只能说其中有性，有爱，性与爱，就有这些事实。打碎砂锅问到底，还只是砂锅碎了，砂锅碎了，是一个不可移的事实，能解释也罢，不能解释也罢，事实仍旧是事实，人若要保存他的理性，就不能不认事实为事实。上帝纯全，在于他一切是现实，更无可以有现实的必要了，然而上帝却要人去成全他的旨意，要人服从，要人效法耶稣，并学习为人，学习为上帝的子女。上帝不要达到什么目的，却又要达到什么目的。所以兜了圈了，还是圈子，转来转去，还是转到上帝是上帝。在上帝里，一切矛盾得统一，一切冲突得协和，根本的真理，说起来是一个相反相成的反成词（Paradox）。

上帝造世界，上帝又造人。用话造世界，用自己的像造人。《圣经》里的故事叙述上帝抟土为人，做一个土偶，做好了，吹一口气在土偶的鼻孔里，那土偶便成了亚当，做了我们的始祖。这是神话，却也是真理。上帝既已造了有形有质的物体世界，又使人为世界的一部分，他当然是一个土偶。又要他有上帝的形象，当然要吹一口气到他里头去。人于是乎是灵肉一致，灵肉交战的动物。无穷的问题要从他生出来。上帝用话造物，用自己的形象造人，而形象还是上帝的话。耶稣基督是话成肉身，话成了形象，所以说是"上帝荣耀的光辉，上帝本体的真像。"话可以成为形象，也可以不成为形象；由其成为形象而论，则话即有人格性，由其不成形象而言，则话即是一个法则。所以上帝用话造物，物固塊然者也，用形象造人，人乃有人格矣。其中的分别是极微妙的。上帝先造物，后造人，先造其下也者，后造其上也者，人于是乎为万物之灵。谚云，人为动物，惟物之灵，就是这个意思。人受了创造，以物为体，有天地之塞吾其体而成形，以心为本，有天地之帅吾其性而为灵。肉体心灵，均有所由，含无穷的欲望，而全未得识，得有限的满足，而万事须行。有选择的自由，此亦可行，彼亦可行，自然即有无意走错，有意犯法的可能，站在阴阳的分水岭上，一失足即可堕入黑暗的深渊。亚当夏娃所站之地，前后俱苍茫，左右俱险阻，要立得稳，非完全依赖上帝不可，一涉违逆，即要倾跌，而始祖竟跌倒了。上帝知其如此，所以在建立世界基础之前已为人类预备下一个救法。太初就有一个预定的计划隐藏着，直到耶稣基督在十字架上受死之后，才向信众显出来。(《哥林多前书》二章七节)太初就好像预定谁可得救，谁不能得救，所以《启示录》里说："凡住在地上，名字从创世以来，没有记载在被宰之羔的生命册上的人都要拜"那恶兽。(十三章八节)太初就有被宰的圣羔。彼得说："人的得救是凭着基督的宝血，一如无瑕疵无玷污的羔羊之血。"基督就是被宰的羔羊，而这位"基督在创世以前，是豫先被上帝知道的，却在这末世才向……(人)们显出来。"(《彼得前书》一章十九、二十节)上帝创造人，将自己的形象给了他，是一个极大的冒险，所以上帝要付代价，要预定召选的计划，预备被宰的羔羊。这是奥秘，在创世以前所隐藏的，在末世所显示的。人含蕴着上帝的形象，有自由，可顺上帝，可以逆上帝。一涉于逆，遂即死亡；一犯了罪，遂即可使万有沦胥，众殊悲叹，群生堕落，天地分崩。上帝预定了救法，使圣子成躯，基督舍生；所以创世的工程里包含着救世的行为，救世的行为里包含着创世的工程。

上帝造了人，人倒要取上帝而代之，虚空得无以复加，却又骄傲得无以复加。人竟成了一个大矛盾，最丑最美，最愚最智，最无能，不戴角，不带蹄，不披毛，不生爪牙，除了四肢，毫无兵器，而最厉害。人又最可恶，最可爱，不堕落，好像不能往上冲。有意志的冲突，有情欲的纷纶，有理知的争执，有权利的攘夺，男人抢女子，女子夺男人，杀弟兄，卫国家，弄得世界变了战场，人生成为悲剧。圣人讲礼教，有人能弘道，非道弘人的骄矜；小人讲享乐，一有饱暖，即思淫欲，得陇而望蜀，合纵而连横。见他人眼中的木屑，不窥自己眼中的栋梁，杀人盈野，杀人盈城，使受造的万物都不得安宁。至其极，人征服了自然，创造了人文，自己却做了自己的仇敌，成了自己的奴隶。提了自己的鞋跟，大力士不能离地一尺一寸，插手于腰，也不能将自己的身体举起来。起初的时候，上帝问：人哪，你在哪里？到现在，人没有办法，要问：上帝啊，你在哪里？上帝的形象在人里头，被罪恶翳蔽了，人自己就没有找寻得上帝。人代替了上帝，上帝隐藏了，代替品也变了样。于是人们造出许多偶像来。人是崇拜颠倒的动物，有宗教的心情，必须有崇敬的对象，所以拜虫豸，拜鸟兽，拜日星，拜山川，拜英雄，拜金钱，拜凶神恶煞，拜混世魔王，拜颠倒的梦想，拜千奇百怪的偶像。野蛮的人有野蛮的人的摩洛与亚斯他录；文明的人有文明的人的马施与维纳司。而受造之物则叹息劳苦直到如今。文明到极点，野蛮也到极点；讲理到极点，不讲理也到极点。操刀者必死于刀下；原子弹就在科学家头上逞威风。人征服了自然，自然立即反咬他的主人翁；人解放了自己，所解放的，立即成了酆都城里逃出来地狱饿鬼畜生。转来转去，尽在死的圈子里。上帝明明在眼前，双目炯炯的人竟不能看见，科学家不管帐，聪明人把上帝讲得上帝无影无踪；急来抱佛脚，佛脚是泥做的，情急呼天，天是没有门的。这样的世界，横亘在巴别塔下，是上帝创造的呢？是人弄坏了的呢？

上帝所造的世界，变易无常，是一个巨大的不测，上帝所造的人残阙亏虚，是一个渺茫的不了。难道上帝不能造一个更完美的世界，造一个更妥善的人类么？上帝为什么造了这样一个世界与人类呢？难道上帝对自己开玩笑么？人们住在上帝所造的世界里，心中不满意，恨不得把万有摧毁了，重新造一个比较满意的天地。诗人奥马开牙有诗道：

> 心欢哪，真愿你与我和命运通谋，
> 抓住了这整个可怜的结构，
> 我们岂不要把他摔得粉碎粉碎，
> 然后再造一个比较称心的世界。

不信上帝的人看看世界世人，自然只有悲观；相信的，却有宗教上的见解。上帝造世界的时候，看一切都是好的善的；纵然变坏了，全能全善的主也自有办法，给他一个创造中的再造。上帝并不愿意造一个恶劣的世界，且也不曾造一个恶劣的世界。他自己是全善的，所要的万有也是要表彰他的美善的。在白书里观看，诗人曾经说：

> “诸天述说上帝的荣耀，
> 穹苍传扬他的化工，
> 这日到那日发出言语，
> 这夜到那夜宣布知识；
> 无言无语也无声可听，
> 他的量带通遍天下，
> 他的言谕传至地极。
> 上帝安设太阳的帐幕，
> 太阳好像新郎出洞房……”②

在静夜里观察，诸天有灿烂的月星，诗人说：

> “我观看你指头所造的天，
> 你所陈设的月亮星辰，
> 便说，人算什么，你竟顾念他？
> 世人之子算什么，你竟眷顾他？”③

是的，天地是美丽的，庄严的，伟大的。夜间察其微，则暗飞萤自照，水宿鸟相呼；见其大，则星垂平野阔，月涌大江流；白天识其静，则水流心不竞，云在意俱迟；睹其动，则细雨鱼儿出，微风燕子斜；观其细，则芹泥随燕嘴，药粉上蜂须；状其大，则东笑莲华卑，北知崆峒薄；称其艳，则桃花一簇开无主，可爱深红爱浅红。耶稣说：“你想野地里的百合花，怎样长起来。”至于上帝造的人呢，原来也是好的，雨工牧子曾有诗说：

> 亚当广额圆其颅，挺立昂头胸垂胡；双目炯炯出火星，中含知慧识神谟。夏娃人之始祖母，丰貌妍姿祖之偶；相依相偎历生涯，爱中生涯无不有。

人纵有上帝的权能，也不能想出一个更好的世界来。

然则上帝果然不能创造一个更完善的世界么？上帝是上帝，不能不作上帝，即不能造出一个更完善的世界来。第一：世界是受造的，不能高出于上帝，不能相等于上帝。若高出于上帝，那末上帝要造一个比纯全更纯全的世界，才可以高出于上帝。纯全既已是纯全，自然没有更好的了；若能有更好的，那末纯全就不是纯全的了，岂有纯全而更有纯全之理。若是相等于上帝，那末上帝只好造出另一个上帝来，不是这样，即无所谓相等。上帝万能，却不能不作上帝,上帝惟一,故不能另造一位上帝。这样所造的宇宙一定是比纯全为亏阙,比上帝为卑微,一定不是常而是无常,有生有灭,有始有终。一定是靠得住,而又是靠不住的,是有定理而无定住的。万有不能独立,只有依赖的维持,托起,而有存在。人在宇宙之间,也不能自矜自持,独立独存,也只有依赖与上帝交通而得生命,全因得上帝的施与而有满意。上帝造世界,造人类,好像是一种冒险。人在宇宙之中也只有奋斗挣扎以成全上帝的旨意。不但如此,宇宙是人的寄庐,天地是人的工场,乾坤是人的学校。人在其中,要严守规则,克念顺上帝的旨意,要战战兢兢服从所已知的善事。不堕落,则一切得其正,得其所,所谓至中和,则天地位焉,万物育焉。若是堕落了,夏娃受了蛇的试诱,亚当吃了夏娃的苹果,那末只有忏悔,等待着上帝的救赎。在等待的当际,是忏悔,是受训,是在伊甸园外流汗而耕,劳力而食,经痛苦而生育,忍受蛇伤的足趾,努力去打伤蛇的头。创世的奥秘中,有两个清楚的指示:第一是所造的人与物,只有完全依赖上帝才能成全创造的工程;第二是人类一经堕落,必无以自拯自拔,必须依赖上帝预备的救法,才能出罪恶与痛苦,沦陷与死亡。

以上所论,都是从上帝的神性神德方面看创造的化工的,都是依据《圣经》,由信仰方面看上帝的神性神德的。我们若是翻过来,看所造的世界,我们会觉得宇宙对于上帝的表扬。按照近代的天文地质诸种学术的指示,星系即非无量,亦几乎等于无量,地层即使有始,亦已甚为悠远;空间时间均难以计算。诸天如此广大,星辰如此繁众,万有如此悠延,造物之主,必游心于无外,主持于无内,必无远弗届,无微不至。采一朵野花,取一粒尘沙,已是穷学者长期的研究,其结构何等的精细,其形态何等的奇妙。大至无外,小至无内，上帝无不创造，无不管理。众殊不尽，莫不有则，岂不表示无尽藏的智慧？星体流行，各有定程，万汇同峙，咸有规则，算数可量而无差于丝毫，推测可准而无离于分寸。若说天地自存，万有自然，自存自然，岂非奥秘？若说天地受造于上帝，则上帝的智慧，岂非奥秘？两说等是奥秘，而主张自存自然之说者不能否认宇宙所表示的理知思想与智慧；若即此而否认之，那末自存自然，何以成其为自存自然？若承认宇宙万汇果有智慧为之成全与维持，又何得而不同时默认创造的主宰的存在？所以世界自存自然固为奥秘，似欠对于智慧的确认，不若创造之说的圆稳。理知智慧是心的表示，人格的表示，至其极，科学还须说"若有真宰而特不得其朕。"这是最小限度的承认。宗教则可以直截痛快地说，世界所表示的智慧，真是上帝存在、上帝创世的确据。一个元子包容甚大的力量。无穷的世界，岂不储存、又岂不表显无量的权能。片叶之微，飘摇于风中，如在颂赞上帝的全能；星海旋转，岂没有万系的音乐，称颂上帝的全能么？全知全能，是无远弗届，无微不至的知能；既是这样，上帝之外，更无有可以与上帝为敌体的知能了。全世界，全宇宙，因此是统一的，只有一主宰，一上帝，为其造化之主。此外更不能有别的主人。诸世诸系的统一性，表显着一个智慧，一个权能，所以说，上帝惟一，上帝全能，上帝全知，将一切上帝缩小、上帝有限的说素，全部摧毁了。上帝所造的一切，正是上帝的见证。万殊统一是上帝全在的见证；万有有则是上帝全知的见证，万般流行是上帝全能的见证，一切的一切，是上帝永存、上帝绝对的见证。

受造之物，千态万状，有异而无同，千变万化，流迁而不停。有异而不同，虽父子亦无全同，所以日日新，表明上帝的智慧，不但在空间中彰著，而且在时间中显露。流迁而不停，断者有续，绵者得延，一切是动，一切是上帝的举托与维持。所提示的是上帝无休无止，永远工作的创造。生命是动，物体是动，动则变，变则化。物理学家分析所谓物，由物子而原子，由原子而电子，电子非物，而是能力，能之所在，莫测其由。所提示的是意志，是上帝的创造，好像说上帝意志之所向，发而为话，话发而为物为心。上帝的话出，凝则为物，非物也，心之积也，力之集也。上帝的话发，觉则为心，是心也，理之自成，力之自得也。物物相关，物物互殊，是心生的联系；心心相照，心心内鉴，是心生的活动。心为本，物为末，所以唯物论为谬见，自然论为妄作。心物不异不同；不异，因其同出而同源；不同，因其异趋而异归。所以上帝永生，信上帝的人也得永生。灵肉一致，互相依赖；身心殊趣，各自离分，依赖之时，世有其人，离分之后，人有其存；奥妙玄宏，不可究诘，知之所穷，信仰乃立。经上说："上帝是灵。"惟其是灵，所以智慧权能无远弗届，无微不至，无物不依以存，无心不凭以在。上帝所造的世界，正表示着上帝的神灵。

上帝创造世界，世界不穷上帝，更不限制上帝。上帝若为所造之物所限制，则上帝惟有内在而不超越；上帝内在而不超越，则虽有神乎其神者存在，而所存只是上帝等于世界，世界等于上帝，上帝即是自然，自然即是上帝。所谓宗教不过是泛神教而已，所谓生命，不过是机械式的连锁而已。但是不然，创造之主，超出于受造之物之上；上帝贯注万有，而又超越万有。人的创作，可以经验到这一点。文人著作一篇文章，文章之内，有其人在，然而文章所载，不尽其人之所有；画家制作一幅画图，画图之内，其人固在，然而画图所蕴，不穷人之所藏。文人在文之内，而又超乎文，画家在画之内，而又高于画。所以文人可写一篇，又一篇；画家可以画一幅，又一幅。不超则文章尽之矣，画图尽之矣，更无新文新画之可能。上帝创造万有，入于万有，而又出于万有；以其超越，所以创造之工，日有真新。真新不能出于旧物，乃出于超乎旧物的造物之主。泛神论只有内在，无有超越，以物出物，所以不能解释真新；不能解释真新，只有抹杀真新。应作解释，乃从而抹杀之，是愚拙的行为。自然论亦只有内在，只有条理，没有超越的真在，以因就果，以果推因，所以也不能解释真新，不能作解释，只有揣测已过的陈，使其为出新的原由。这两种理论，只能后顾，只能执其有，不能通其无，只能说定命，不能讲自由。自由之道，发于意志，起于超卓，惟其超卓，所以自由，惟其自由，所以可以创造，惟其可创可造，所以有真新。我们看天地的日新，本诸身，征诸经，加上信仰，所以知道上帝是超越的创世的主宰。上帝创新，所以宇宙有攸归，人生有意义与价值。不然，天地就成了一部大机器，世人就成了一部小机器，一切都讲不通，更何有意义之可言？更进一层讲，受造之物，不尽上帝，上帝造物，而仍超出万有，所以天地表显得上帝的智慧，权能，存全与绝对，而不能完全揭示上帝的圣善与慈爱。论者往往以为天地表彰智慧权能，而不表彰圣善慈爱，就是上帝的有限，神性的缩小。而不知天地里这一个缺点，正所以指出上帝的超越，上帝的不全在万有之内。上帝的道德属性，须要由人而著。道德在物，只是则律，道德在人，方是实善。上帝不能与木石作交游，不能与自然为父子；上帝须人而彰其神德。但是人犯了罪，逆了命，内在的上帝之像既翳，内充的罪恶，复使他与上帝隔离。恶势滔滔，延及万殊，杀机迭起，天地为愁，以致"受造之物，叹息劳苦，直到如今。"毒蛇猛兽益其凶，天变运乖益其戾。虽然如此，人中间还有圣贤豪杰义夫节妇。《圣经》上说："其实他，上帝，离我们不远"，他要叫我们"寻求上帝，或者可以揣摩而得。"（《使徒行传》十七章二十七节）上帝至终不让自己在世界上没有他道德上的见证。不过人既有，世界益加乖戾，益加不能显明上帝的公义圣善与慈爱。人既远离上帝，上帝就愈加显得超越了。其实上帝何尝不要在世界人类中间充实他的德性？上帝并不愿世界人类在尊贵的品德上有一个阙陷。只是上帝既已创造了自由的人，人又既已犯罪逆命，就非再来一次创造，不能进他的有道德缺陷的世界人类。创造之后，人犯了罪，逆了命，就须有一个再造。“他在世界，世界也是借他造的，世界却不认识他。他到自己的地方来，自己的人倒不接待他。”（《约翰福音》一章十至十一节）上帝的创造是上帝舍己的进入；他的再造是他亲自入世，话成肉体[4]，就是人类因信而在耶稣基督里得到新创再创的新生命。这样说来，上帝超越，正所以要贯注要内在；受造的世界人类的阙陷，正是要上帝亲自来填满，来补足，来救济。创世论要成于成身论；成身论要补充创世论。

一九四八年五月十一日

成身论

上帝用话创世，即是用自己创世，即是自己到世界上来。人堕落了，犯了罪，逆了命，上帝的圣善慈爱不能在人当中彰显出来；人因罪愆与上帝隔断，也不能自力回归上帝，再与上帝相通。上帝曾遣先知先觉晓谕世人，其所晓谕未能充分地彰明上帝的旨意；世人也未尝不寻求上帝，但是冥索揣摩，未能确知上帝的神模。所以上帝要亲自到世界上来，话成肉体，作充分的启示，成再造的工程。《希伯来书》开首就说："上帝在古昔借着众先知多次多方的晓谕列祖，就在这末世借着他儿子晓谕我们。"（一章一与二节）传福音的约翰说："话成了肉身，住在我们中间，充充满满地有恩典有真理。我们也见过他的荣光，正是父独生子的荣光。"（《约翰福音》一章十四节）无声无臭的上帝成了有形有体的世人，就是独生子，救主耶稣基督。保罗论到他，曾说他倾空自己，又曾说他充满神性。"他本有上帝的形象，不以自己与上帝同等为僭越，反倒虚空了自己，取得奴仆的形状，成为人的样式。"（《腓立比书》二章六至七节）但是"父喜欢叫一切的丰盛在他里面居住"，"上帝本性的丰盈有形有体地居住在他里面。"（《歌罗西书》一章十九节，又二章九节）耶稣基督到世界上来，等于上帝到世界上来，即是上帝到世界上来；耶稣基督即是上帝的话，话成肉身，即是耶稣基督，即是上帝亲自来。耶稣自己说："你们若认识我，也就认识我的父"；"看见了我，就是看见了父。”(《约翰福音》十四章七节、九节)上帝亲自来，原要人认识他，看见他。人在物界之中，不能看见纯粹的灵；不能看见，不能发启信心，所以他进入人体，有形有状地生活在人的眼前。他要在历史上留一个真迹，使历史得意义，得成全。作书信的约翰于是可以说：“论到从起初原有的生命之道，那是我们所听见，所看见，亲眼看过，亲手摸过的，(这生命已经显现出来，我们见过，现在又作见证，将原与父同在且显现与我们那永远的生命，传给你们。)”(《约翰一书》一章一与二节)

上帝成身，在耶稣基督里施启示，彰救法，乃是基督教的中心信条。若这一端果非事实，不为信众所接受所宣传，基督教便失其为宗教的所以然，或可沦为道德的行为，却无以为宗教的信仰。人生起于奥秘，终于奥秘；宗教起于显示这个奥秘，给人生最基本最深刻的奥秘作一个有力的有效的解答。我们认定了这一点，方始可以解释我们的信仰。我们若信耶稣基督是上帝自己，上帝的话，成为肉身，第一就要说明耶稣基督的先存性。就是说，万世以前耶稣基督存在。“太初有话，话与上帝同在，话就是上帝。”(《约翰福音》一章一节)有上帝就有上帝的话，上帝永在，上帝的话也永在；成身之前，即已存在。耶稣基督既是上帝的话，在他未到世界上来之前，自然长在 。不但是约翰如此说，其他的使徒们也都如此说。保罗论耶稣，说他本有上帝的形象，不以自己与上帝同等为僭妄，而乃倾空了自己，入世为人。他的论调包蕴着耶稣基督的先存性。保罗离开了雅典之后，立志不讲哲学，不谈世人所谓之智慧，只传“只知道耶稣基督并他钉十字架”。(《哥林多前书》二章二节)这就是他所传的智慧。“乃从前所隐藏，上帝奥秘的智慧，就是上帝在万世以前，豫定……的”。(同上七节)上帝奥秘的智慧，隐藏于万世之前,所隐而未显的是耶稣基督,与他的死。及至耶稣基督受死,这万世以前所隐藏的奥秘:方始对人彰显出来。其中所包蕴的思想是:耶稣基督住在万世以前,在《以弗所书》里,这个思想更加明显了;著作那书的也许是保罗自已,不然,也是与保罗的思想一派的,他说:"上帝从创世以来在基督里拣选了我们。"(一章四节)《歌罗西书》里说得更清楚,说:"爱子是那不能看见之上帝的像,是首生的,在一切被造的以先。"(一章十五节)使徒彼得是最先承认这一点的,曾对耶稣说:"你是基督,永生上帝之子。"(《马太福音》十六章十六节)在《彼得前书》里,所说的是:"基督在创世以前是豫先被上帝知道的,却在这末世,才向你们显现。"(一章二十节)《希伯来书》的作者则简括地说:上帝"曾借他创造诸世界。"(一章二节)看了《圣经》里这样的记载,我们可以毫不含糊地晓得基督教是建立在基督是上帝的一个信仰之上。基督永生,是以先存。话成肉身,所以然者,因为话已先生,永在。成身论不能不承认基督的先存性;不承认,就不能有成身论。

入世以前先有存在的思想,在神话中有过,在哲学中也有过。由神话说,人看见一只被宰的猪,身上有"秦桧七世身"的字样,指出有猪之前,先有秦桧。小说中也有神话,说岳飞是大鹏降世,没有岳飞之前,有大鹏先存;说梁山泊的弟兄是天罡地煞星下凡,没有宋江吴用等以前,有天罡地煞星先存。中国的正书上有道:"先天地生",又有"率性之谓道"之说。若果如此,那末人含道之性,人未入世,道已先存。在希腊的哲学里,先存之说,占极重的位置,人未入世,已即先存,入世之后,所知即是所忆。在佛书里,佛出世,佛涅槃,俱有先存、轮回之说,尤重前生、今生、来生。人对于生,好像不能不追溯到生之前,思想里,骨子里,隐隐约约,总包蕴着一个求其在先，推其在后的追寻。这样说，耶稣基督的先存性在思想上理解上不是完全无影无踪、无印无证的奥秘。某西宣教师倾心于基督，五体投地，讲道著论，却以为先存论毫无根基，既非中国人所习知习闻，又非科学所能指所能解。竟不知道，没有先存即没有基督，所讲的只是一个人，轻轻地把基督教全部推翻了。他代表了没落的现代派，自由派。那里知道人生最深刻最迫切的需求并不是那样一个人，乃是话成肉身的，先存永存今存将来存的基督？又那里知道人碰来碰去尽是奥秘，把奥秘讲走了并不是能事，所讲的也不是真理？上帝全能万能，难道不能入世为人么？上帝永生，入世为人，成了肉身，就没有他的先存么？人可以定什么是可能，什么是不可能么？人的理知有限，认识有限，乃能测度无量么？若不需信仰，我们自不必多说；若需信仰，若需始于信仰终于信仰，我们要问何以不信上帝自成肉身，自有先存呢？《圣经》上所记载的何以就不合理呢？奥秘可信不可讲，何以就不可承认其为可是可有的呢？没有宗教俯仰与经验的人，与夫自作聪明而浅识的人，真是瞽者不能叫他看文章，聋者不能叫他闻钟鼓，乌可与谈宗教之所以为宗教的道理？

上帝在基督里，话成肉身；当然是以无量入有量，以绝对入相对，以永恒入暂时，以不变入无常。其人必有所倾空；所以保罗有耶稣基督倾空自己之说。话成肉身，本性不灭；所以保罗又有神德充充满满地居住在耶稣基督之内之论。凡为时空所限之性，自必在变迁的世界倾而空之；凡为现世界所必需，所可有之性，自必在人生之中充塞之。上帝成身，当然不能于成身之时期，在限制中有全权全知全在的神性；此等属性，在上帝自为限制的人身中，当然是倾而空之。同时，在人生之中，经过试探，阅历痛苦，受到训练之后，圣善与慈爱，当然可以实现于品格之中，至于充而塞之。保罗说，倾空是基督入世之始，论充满是基督成功之后；二者俱不可亏。上帝在全世界，又超越，又内在，即有全知全能全在绝对的尊严。在有限的一个肉身之中，自即无此尊严的俱来。而上帝完全自存，完全超越，却又完全在基督之内成身。且人类所需的乃是上帝的圣善与慈爱，宇宙论上所说上帝的属性既已彰著，自非问题。圣善与慈爱若能成实于人生之内，那末救法遂可完成。倾空是倾空上帝超玄的属性，如全知全能全在绝对之类；充满是充满上帝道德的属性，如公义圣善慈爱牺牲之类；倾空为成身之始，充满为成身之终。始则受限制，终则经训练。成人则全乎倾空，升天则全乎充盈；中间的历程是上帝再造人生的化工。

上帝成身，既入人生，即受人生一切的限制。上帝自愿成身，即自己限制自己。上帝既入人生，自即完完全全地做人，经历人所经历的，承受人所承受的，丝毫不推辞，分寸不殊异。所以耶稣基督在世界，完全是人，无有任何超乎人的特殊权利。所以他能"体恤我们的软弱，也曾凡事受过试探，与我们一样。"(《希伯来书》四章十五节)非但如此，他所经历承受的至深且刻，彻底地尝到人生的痛苦，担负到人生的担子。他"在肉体的时候，既大声哀哭，流泪祈祷，恳求那能救他免死的主，就因他的虔诚，蒙了应允。他虽然为儿子，还是因为所受的苦难学了顺从；他既得以完全，就为凡顺从他的人，成了永远得救的源渊。"(《希伯来书》五章七节、八节)他"既有人的样子，就自己卑微，存心顺服，以至于死，且死在十字架上。"(《腓立比书》二章八节)上帝成身做人，是彻底地做人，受人的限制，不超越人的限制，更不享有任何超越人的特殊神权。或有人要问，他是圣灵所覆，童女所生，以上帝为父，不以人为父，与人特殊，所以能成圣成神。他既为童女所生，自然不完全受人的限制，不彻底地作人，自然仍享超越于人的特殊神权，不可与人同日而语。他非由情欲而生，当然可以成全纯善，我们均由男女情欲而生，当然大异，非犯罪不可。这一问是合理的。童女所生，非彼得约翰雅各保罗所言，仅有马太路加的记载，所载又互相出入，容是神话，容是传闻。且马利亚亦为父母所生，曾带情欲之性；马利亚父母亦为父母所生，曾带情欲之性。耶稣基督既有完全的人性，自不能免于情欲之性；有情欲始是真的人，没有情欲，不得为真的人。有情欲始能“受试探与我们一样”，没有情欲，不必由学习顺服而达到纯全。且上帝创世，造男造女，命其好合，视好合为神圣尊严的奥秘，且是“极大的奥秘”。（《以弗所书》五章三十二节）岂有成身而不经此奥秘的历程。耶稣基督的人性不能有所亏阙，是以童女所生的故事，只是一个美丽的神话，其主旨在于说明耶稣基督以上帝为父，不带原罪，不在于说到耶稣基督人性的亏阙。无论如何，上帝成身，入世为人，是十足地彻底地为人，受人所受的一切限制。

上帝成身是创造中的再造，所以《圣经》称耶稣基督为第二个亚当，为新人类的始祖。（《罗马书》五章十二至二十一节，《哥林多前书》十五章四十五至四十九节）亚当所经，耶稣基督亦须经过，但要不犯罪。这就是说，耶稣基督必须事事与人相同。在知识方面，他生无全知，生无所知，似无生而知之的表示。他的知识是学习而得的，与人不异。《圣经》上说：“耶稣的智慧和身量，并上帝和人喜爱他的心，都一齐增长。”（《路加福音》二章五十二节）他与人无异地经历生长与发展的过程。在历史里，在时间空间里，他的思想知识，都始则受社会环境、时代倾向的限制与影响。上袭律法与先知，下同风俗与时尚。不过他天亶聪明，禀赋醇厚，能学而自发，行而自超；集律法先知的大成而遗其渣滓，挹其菁华，荟萃于心，而发为独特整全的见解；随风俗时尚的要求，而式饮式食，超绳墨而中绳墨，经尘染而不沾尘染。既择善而固执之，复遇诱而拒绝之。他自己说："那日子，那时辰，没有人知道，连天上的使者也不知道，子也不知道，惟独父知道。"（《马太福音》二十四章三十六节）他所知的，不是全知；他所知的，甚深且奥，因为他天亶圣明，又与父有不间离的同在。决定大事，他要"禁食四十昼夜"（《马太福音》四章二节），要上山"整夜祷告上帝"（《路加福音》六章十二节），要犹豫，要呼吁，要流"汗像大血点"一样。（《路加福音》二十二章四十四节）在身体方面，他生长，他软弱，他要睡眠休息，他要饮食动作，在雅各井上向撒马利亚妇人要水喝（《约翰福音》四章七节），在苦路上背不动十字架（《路加福音》二十三章二十六节），在十字架上气绝血流而至于死亡。他工作一息不懈，有"我父作事直到如今，我也作事"的心态与力量。威而厉，他以绳为鞭，驱逐卖牛羊鸽子与兑换银钱的人出圣殿。（《约翰福音》二章十五节，《马太福音》二十一章十二、十三节）怒而詈，他称法利赛人为假冒为善的恶人。（《马太福音》二十三章十三至三十六节）悲而悯，他为马大马利亚的悲哀而流涕，为行将沦亡的耶路撒冷而痛哭。（《约翰福音》十一章三十三至三十五节，《路加福音》十九章四十一节）温而婉，他可怜用膏膏他的女子。（《路加福音》七章四十四至四十七节）他祝福杂乱聒噪的小孩子。（《马太福音》十九章十三至十五节）他有健全的体格，也有热烈丰富的感情，有各方面的交际朋游，也有极庄严极恬静的胸襟。他完全是一个人。在精神道德方面，他有坚强不移的意志，有上帝的同在，与上帝丝毫不隔的密切的联系，有精严的祈祷，有《圣经》的诵读，有孜孜不倦的工作。一言一行，一举一止，都是要成全上帝的旨意，信赖是纯全的依赖，劳瘁是尽力的劳瘁。（《约翰福音》四章三十四节，《路加福音》二十二章二十四节）他言上帝之言，行上帝之事，在做人的经程之中，无瑕疵，无指责，毫无罪愆。（《希伯来书》四章十五节）他有至深至纯的上帝意识，说“父比我为大”，又说，“父与我同在”，父与我“合而为一”，“父所有的，都是我的”，“父与我为一”。（《约翰福音》十四章二十八节、十六章三十二节、十七章二十二节、十六章十五节、十章三十节）他与上帝关系的密切，是我们不能透入而了解的，他从上帝里出来，要与上帝同受尊荣。（《约翰福音》十七章二十四节、五章二十三节）上帝是爱，他也是爱，爱人也爱仇敌，知与言，言与行，无不一致。但他既是上帝的话成为肉身，受人一切的限制；他的造诣，自必为学习奋斗的结果。他的成功，立信立德，表示了上帝的真本，上帝的形象，使我们感觉得仰之弥高，钻之弥坚，只有深深的惊奇，深深的敬叹。

成身的基督完全是人，但亦完全是神，是上帝。是人，这可以懂得的；又是上帝，怎样讲呢？既说成身，当然是在历史之中，世界之上，有时空的限制、变迁的经历。在这种情状之下，他的神德当然有别于超玄的属性，不全知，不全能，不全在，不绝对。成身而神当然是品格方面，道德方面的神性。耶稣基督做人的生活，尽人的分事，历经试探，毫无罪愆，因无罪愆，所以真性圆湛。这个真性即是神性，显示出来，则有自存的永恒，亦有至圣至善纯慈纯爱的整全。至圣之谓神，则耶稣基督即是神；至善之谓神，则耶稣基督即是神；纯慈纯爱之谓神，则耶稣基督即是神。若说上帝是圣爱，圣爱是神性之本质，那末耶稣基督既因学习顺服而保持至圣至爱，发扬至圣至爱，当然完全有神德有神性。此性与人性连合，即表示耶稣基督是神人，是人之子，亦是上帝之子。在上帝奇妙的安排之中，一切条件，无不齐备，一方面有艰难痛苦的历砺与尝试，另一方面有合适的时代，相当的环境，良好的遗传，充分的机缘。没有艰难痛苦试练引诱，耶稣基督无以经历为人的实际；没有相宜的时代环境遗传机缘，他亦无以透发为上帝的真本。他在第一世纪之初的犹太，为约瑟马利亚的长子，家里有宗教的虔敬氛围，国内与宇内有救主出生的需要与期待，上可以承先知的绪业，下可以开新纪的鸿图，冥冥中有上帝的护持，攘攘中有众生的企望。他乃独立苍茫，前无古人，后无来者，可以特起而显示他纯全的神性。设若其母为盗娼，其国无宗教，其时无需求，时代不成熟，他的神性又如何表显。但是上帝创世以前，预有隐藏的奥秘，直使人神际会，乃有耶稣基督。我们阅读历史，寻绎经典，深叹观止，只有无量的赞美，无尽的惊奇。

人的本性与神的本性，在耶稣基督里合而为一，有统一性，无离二的状态。古时神学家在两种本性上做了不少文章，起了无数的争辩。他们的逻辑没有办法，他们的社会与哲学背景，亦使他们没有办法。有的说耶稣之内有两个意志，两重品格；有的说他完全是上帝，历史的耶稣是假托的；有的说他完全是人，上帝或是附在他身上的，或是他由人而达到道德品格，并非真是上帝。或说同性，或主同质，议论纷繁，莫衷一是。他们的时代与背景，他们的思想方式，理论要求，都早已过去了。在我们，逻辑不能以死范围笼罩生活，更不能以同异律限制无上的生命。我们只须认定事实，执持信仰，直说耶稣基督是上帝的话成身，为人，亦为神，真是神人。我们可持内外两种观点。由内性方面看，《圣经》所记载的耶稣基督，使徒所传的圣主独一子，没有露出丝毫的性格上的不统一来。

依据着经典,我们只有承认耶稣基督性格纯全的统一。由外表方面看,我们察见耶稣基督纯爱的行为,整全的克己,完备的牺牲,无瑕疵无沾染的良善。他听见上帝称他为爱子;他吩咐门徒信众跟随他,服从他,他宣告天上地下所有的权柄都是他所有的。(《马可福音》一章十一节,《路加福音》九章二十三节,《马太福音》二十八章十八节)凡他所言所行,都明示他自己的神性,也都显示他人神本性的融洽与统一。话成肉身,上帝住在人内;是上帝是人,内外一致,表里无二;内无抵触,外无破裂,里自圆湛,表自庄严。我们知道一切基本都是奥秘,我们不能否奥秘,只有向着神人,顶礼赞叹,欣乐颂扬,将荣耀归于上帝。

成身的意义是启示,是要完成再造人生的救法。上帝要将自己的本性,与夫对于世人的旨意,清楚地彻底地告诉人;也要叫人知道人可以达到何等崇高的地位,历史有何等的意义与归宿。成身的话正如渊默的雷声,宣告着上帝的爱。“从来没有人看见过上帝,只有在父怀里的独生子将他表明出来。”(《约翰福音》一章十八节)耶稣基督作了上帝的启示,宣说上帝,不但是无量的智慧与权能,更是无量的圣善与慈爱。他的启示,作了块然的宇宙所不能作的;宇宙既有天地以生物为心的表示,复有天地不仁以万物为刍狗的表示,两相抵消,无有定准。耶稣基督则不然,在宇宙之内,群生之中,启示出上帝纯全的圣善与慈爱来,因而完成了宇宙的意义,历史的期待,与夫人生的当然。他站立着,显出思想情态言语行为的一致,在启示中总集一切的价值与归宿。在启示中,他指出上帝要宇宙得到所等候的救度,要历史得到成全上帝创世之旨的引准,要人类重生,在圣爱之中,归回上帝,而受上帝的恩典与尊荣。所启示的上帝既是圣善纯全的爱,万有的总归,历史的目的,人生的究竟，当然是在此圣爱之中，有一个美善的完成。同时耶稣基督又作了人应当有的尊严的启示。所启示的宣告着人应当如何信赖上帝，如何忏悔顺从，如何吁求崇拜服务牺牲，如何克制自己，如何建立品格，如何得到灵力的充沛，如何与弟兄和睦，如何奉献全心，如何努力奋斗以完成上帝的旨意。因了所启示的，人可以知道罪恶的可憎，天恩的浩荡，与夫得救的道路；及可以看见人的标准，人的模范，人所可得的力量与权能。在启示里人看见了堕落的苦痛，立德的荣耀。话成肉身，有形有体，有声有色，是上帝在耶稣基督里与人说话；启示就是上帝对人所说的恩言。上帝告诉人，他自己是怎样的，人应当有的，自己又是怎样的。上帝不说，人在罪恶的昏翳之中，即无以知道上帝，认识上帝，亦即无以明白自己的地位与究竟。上帝不亲自说话，更无可以说话的；宇宙不能作这样的启示，圣贤从来没有作过这样的启示。上帝的启示必须从上帝来，不能从别处来。诸众世界，无此恩言；既无此恩言，则恩言必然从超历史超自然超人生的上帝那里来。人的寻求冥搜，上至星系，下至微尘，外至轩轾的乾坤，内至潜在的意识，都找不着耶稣基督所启示的上帝，也都找不着耶稣基督所启示的人范，因为启示是从上帝那里下降。启示来到即是上帝从无所之所，无处之处的来到，是上帝亲自所说的话，人必须听，必须信，必须从；不听不信不从，人便不得任何的真实，沦于空虚，至于死亡。而耶稣基督就是上帝从自己里发出来的话，是成身的，有形体，有声色的启示。

然而上帝既有清楚的启示，芸芸总总的世人为什么还好像没有听见呢？上帝临在，只在咫尺之间，人为什么不与他相遭而竟失之交臂呢？《圣经》上最伤心的话是："他在世界，世界也是借他造的，世界却不认识他；他到自己的地方来，自己的人倒不接待他。"

(《约翰福音》一章十节、十一节)罪污的眼睛是翳蒙着的。泰山立于前,有人看不见,雷霆震于上,有人听不见。为什么呢?因为上帝是一个马槽里的婴儿,是一个拿撒勒的木匠,是一个无财无势无权无能的凡人。上帝成身,不是要彰显他无上的光荣,不是要表示他全能的威权,不是要铺张他丰盛的富有,乃是要经历世人的苦难危险,表垂他自己的至圣纯全的慈爱。上帝要将心揭开来给人,也要人将心交托给他,作一个相互的托付。上帝若带着权能来,谁又能抵挡他呢?谁又能将他钉死在十字架上呢?他不死在十字架上,谁又能窥见圣爱的极致,上帝牺牲的顶点呢?上帝创世成身尽是上帝舍己的行为;惟其舍己所以成身入世,不带权能光荣来。况且上帝若耀武扬威而来,谁不怕他呢?因恐怖惴惧而顺服他的,不是真的顺服,不是真的悔改,不是真的爱良善;因为以力服人者非心服也。上帝带了全能来,转瞬之间全世界全人类都归服了他,全世界机械式地统一了,全人类成了无数的机器,有什么意思呢?换汤不换药,改面不改心,有什么裨益呢?上帝若显财富,那末人们拜他不等于拜玛门么?上帝若显美貌,披锦绣,唱清歌,爱他的人不等于游冶浪荡的人么?上帝果然是全能全富,尽善尽美的,然而他只启示心态,启示品格;因为他是上帝。上帝的启示是在他受苦难,历死亡,尊重人的品格,人的自由的行为里显给人。他不强求,不压迫,"不喧嚷,不扬声,也不使街市听见他的声音,受伤的芦苇他不折断,将残的灯烛他不吹灭,他按真理宣传实际。"

他的来是出乎人意料之外的,超乎人所想象的。他要人自愿信受他,接待他,遵从他。他要用最迟缓的方法救世界。他要用最彻底的方法救人类。最迟缓的方法是最快的,最彻底的方法是最成功的。势利眼,情欲心不能看见他;只有清心的人能够看见他。

(《马太福音》五章八节)上帝作上帝的启示,看千年如一日,一日如千年;上帝不作非上帝的启示,不能但识目标,不择手段。世界在罪恶的翳蔽之下,看不见上帝成身的启示,却成全了上帝的奥秘的旨意。上帝呼喊说,圣子的事已经成全;启示是全备的启示,谁来传述解释这个启示呢?"我差遣谁呢?"

耶稣基督,上帝成身的话,被人钉死在十字架上,这是万世以前所隐藏的奥秘,如今向着信的人显出来。永生的上帝真的死了,亲自死了。死是肉身所必经的,既成肉身,终必有死。但是耶稣基督的死,接连着复活,充充满满,全全备备地成全了成身的意义。他不是自然而然死的,乃是被人钉在十字架上而死的。更是自愿被人钉死的。他说"我父爱我,因我将生命舍去,好再取回来。没有人夺我的命去,是我自己舍的。我有权柄舍了,也有权柄取回来;这是我从我父所受的命令。"(《约翰福音》十章十七、十八节)惟其如此,他作成了救法;作成了救法,所以他完成了成身的意义。他舍去了生命,又将生命取回来,从死里复活。死里复活也成全了启示的意义。永生的上帝,永生的圣善与纯爱,不能见毁灭,不能归朽坏。爱的失败就是爱的成功,爱是因死亡而生存的,因失败而胜利的,是真实不虚的生存,绝对可恃的胜利。复活之后,耶稣基督又升高天,坐在全能者之右边。升天是归回,有出必有归,是完成,有始必有终。受死复活升天,然后圣灵降临,教会成立,天国揭幕。创世再造,在全备的成身事迹里,完全将整部的工程显露出来。成身之中,包蕴着创世之始,末世之终;标准的建立,审判的宣布,无丝毫的亏阙,无涓滴的遗漏。过去在其中,现在在其中,将来在其中;宇宙的所以在其中,历史的归结在其中,人类的究竟在其中,一切的一切,都在其中。上帝超自然超历史,合古今当来而超古今当来。上帝成身进入人间,进入历史,给了一个历史的决定,占了一个人间的地位,耶稣基督乃跨立于两个世界,又超又在;在成身全部的工程,为已成,垂成,将成的生活中心。在于他,古昔的人,可以与他同时,现在的人,可以与他同进,将来的人,可以与他同时。他是后顾前瞻今有永存的真实,纯爱的救主,一切丰盈的生命。利欲蔽心,我是翳目的人,见了他,当面错过,不能认识,听了他,过耳飘忽,并未知道。凡是谦卑追求的人,信仰服从的人,都可以与他同时并存,心心交感,直接与他相往来,受他的恩惠,得他的扶援。耶稣基督在世的时候,使徒们与当代的信众亲眼见过他,亲耳听过他,亲手扪过他,与他同时并存。我们现在,因为成身全部工完,永存永动,全备无遗,也可以与他同时生活;眼虽不见,灵眼可见,手虽不扪,灵心可通。他是活的基督,既超而入内,复出而归回,能与万世万代的人相交触相感应。信的人今日见他,可以比不信的人当他在世界的时候,见得更真,知得更切。因为"凡接待他,就是信他名的人,他就赐他们权柄,作上帝的儿女。这等人不是从血气生的,不是从情欲生的,也不是从人意生的,乃是从上帝生的。"(《约翰福音》一章十二至十三节)

上帝的话成身,我们见他是耶稣基督,他的荣光是父独生子的荣光。我们又如何用我们的话作答复,作解释呢?上帝的话,向着个人说,须由个人听,直接玄密,他人不能代听,却使听也听不见。上帝向谁说话,谁就得听,就得从,就得回答,他人听不见,犹甲闻耳鸣,声响清楚,不能问乙听见与否。世界上没有纯粹的个人,宗教上却有纯粹的心灵,有独对独,一对一的事实。在人之内有亲觉亲知,他若不发表,或不肯发表,或不能发表,就是父子夫妇至亲至近的人也不能透入而得认识。人之内有一个独,只有上帝知道,只有上帝的话能将其唤出,使其改变,命其服从。所以个人对于上帝的话,只能由自己作答复,他人不能代替作答复。上帝的话,早已在成身的话里明揭明示;所以上帝对人说话,人可以分辨,合于成身所示之真理的为是,不合于成身所示之真理的为不是。不是的,即不是上帝亲自所说的话。所以上帝成身,人乃得有上帝清楚的直接的指示与呼召,教训与命令。个人的回答亦须合于成身的话。上帝的话或逐渐地临到,或猝然地临到,充满了决定。人的答复即是一个决定。人是有罪的,迷蒙的,人性中上帝的形象已经模糊不清,所以上帝猝然临到,人即不知所措,不知如何答复,且亦不能答复。上帝所要的是服从,人的交托;人若服从交托,上帝自会感化,使他看出一个清楚的答复,一个合乎上帝成身之旨的决定。在这样的决定性的当际,人就得了真实的生活与生活的意义,人就真实地生活了,因为人自我得上帝给予之而有真实,不然,人是虚空的,流变的,暂时的。

人又是群,又有社会,又须集合起来共听上帝的话,共为上帝的话对自己对大众作解释。共同的答复,须是共同的解释所结构。上帝的话,既已成身,信他的人中间,应当有思想家、神学家为其试作讲解,以为宣传,以为提醒,宣教的人,不能没有神学,虽说不要神学,没有神学,一开口,一说话,即是说明,即是神学。所以不可不慎,不可不求,不可不有理论,不有讲究。话成肉身是耶稣基督,耶稣基督是吾基督教的根本,所以话成肉身这信条是吾基督教的根本信条。上帝的话,由上帝自己说,载在《圣经》之内,印在信徒之心,留在教会之内;亦由上帝的灵亲自作解释。“真理的圣灵来了,要引导你们进入一切真理,因为他不是凭自己说的,乃是把他所听见的都说出来,并要把将来的事告诉他们。”(《约翰福音》十六章十三节）耶稣基督“要从父那里差保惠师来，就是从父出来真理的圣灵；他来了就要为我作见证。”（同上十五章二十六节）“凡父所有的，都是我的，所以我说，他要将所受于我的，告诉你们。”（同上十六章十五节）圣灵要住在圣徒心里。（《哥林多前书》三章十六节）也要住在教会里，就是信众的圣团里，续为上帝成身的话，向信徒与世界宣说。话在耶稣基督里成身，也要继续地在教会里，就是“基督的身体”里逐渐地成身，耶稣基督的话，要由教会承继宣说。而教会所说的，乃是仰圣灵的感动，承上帝的召命而有的讲解。有教会的讲解，所以有神学；所以有教会，然后乃有神学；没有教会就没有神学。教会是基督的身体；既是基督的身体，又有圣灵居住其中（《以弗所书》二章二十二节），上帝的话就存在其团集的生活里，使其成为耶稣基督升天之后，继续发展的成身，继续宣扬的恩典与真理。所以教会要根据《圣经》，供给神学。神学是上帝的话的解释，由人用理知阐发的。上帝的话没有错误，纯是真理；人的了解有限，人的理知有错误，所以神学常要受一时一时的修正。理知并不产生上帝的话，上帝的话，启示在耶稣基督里，记载在《圣经》里，是理知接受的所与，是理知的题材。理知若出了范围，在万有里，在人心里找上帝与上帝的话，造成了人文主义式的宗教思想，理知就弄错了。理知自以为万能，以自己为中心，结果必要落空，必要说上帝不存在，所找着的不过是人的影子，心的幻象，下意识里提出来的不驯的野东西。上帝是从上帝而来，超乎万有超乎人而来；上帝的话是从上帝而来，超乎万有，超乎人而来。人信受之，以为所与的题材，而对于自己，对于大众作解释。

有教会然后有教会的事工，有教会的事工，然后有教会的解释，有教会的解释，然后有神学。神学所讲的是耶稣基督，是上帝成身的话。起点是信受,是崇仰敬拜,是全心的奉献。神学即讲耶稣基督,就当知道所作的是一件矛盾并存的工作。基督是基督自己的解释,此外更无解释,而神学又须作解释;这是一个根本的矛盾。理知不能讲,理知又须讲;理知不能批评,理知又须批评。耶稣基督是独特的,抵抗着一切的归类,而不归类,理知又无从措手足;耶稣基督是长新的,不能用归于旧有任何种类的方法来讲;而不入于旧,理知又无从进一尺一寸。因此理知只有自认矛盾,在鬻盾誉矛的言词范围之内,作必须作的讲解。《圣经》里,我们看见福音书翰的作者,受圣灵的感动也是这样作。《约翰福音》用"话"的一字说明上帝。"话"是人所知道的,似乎是已将上帝归于一类。话是人所旧有的东西,用"话"字,即将新的归于旧的一类。且用"话"字既合于《创世纪》,《诗篇》,《智慧书》的旧讲,又适于希腊人素习听闻的旧解。若说《圣经》是上帝感动人写的,那末上帝大有慈怜,自愿在极有限制的言词中,对人说话,使人接受他的恩典与真理。《圣经》既如此讲解上帝,神学家受教会的托付,发教会的蕴藏,也可以继历代使徒圣哲的绪业,而用极有限制的方式来宣说上帝的恩典与真理。"话"是最好最精的言词。话成肉身,有形有体,彰显的是上帝,启示的是人格。人格亦须归类,以新入旧。神学家无法称耶稣基督为圣为贤为英雄为豪杰为天才;因为耶稣都是,而又超乎这一切范畴。在这里,《圣经》里又有一个指示。《希伯来书》的作者对犹太人讲耶稣基督,切要犹太人得知解,所以称他为"祭司"。但将耶稣归于祭司一种,是不伦不类;归类则无法讲,不归类则亦无法讲。因此《希伯来书》作者又将耶稣基督归于永生上帝的祭司"麦基洗德的等次"。麦基洗德生不知其所从来,死不知其所终,似一个影子,一段神话,自非一类;作者将耶稣基督归其等次，真是最好不过的；因为这样一来，等于归类，亦等于不归类。（见《创世记》十四章十八至二十节，又见《诗篇》一百十四篇四节）归类则可作讲解，不归类则可表示耶稣基督的独特。《圣经》上的记载似乎告诉我们说，对希利尼人讲则用希利尼人的言词，对犹太人讲则用犹太人的范畴。圣徒讲福音，著神学，原应当如此。圣保罗最能作讲解，最有独创的神学；但是他也能说："向犹太人，我就作犹太人，为要得犹太人；向律法以下的人，我虽不在律法以下，还是作律法以下的人，为要得律法以下的人；向没有律法的人，我就作没有律法的人，为要得没有律法的人，其实我在上帝面前，不是没有律法，在基督面前，正在律法之下；向软弱的人，我就作软弱的人，为要得软弱的人；向什么样人，我就作什么样人；无论如何总要救些人。"（《哥林多前书》九章二十至二十四节）上帝无量，但是向着人就作人，就有话成肉身的启示，在耶稣基督里赐予人充充满满的恩典与真理。时候到了，我们中国的信徒应当向同胞向国人为耶稣基督作宣传做解释。我们要用什么样的言词，要循什么样的方式呢？上帝话成肉身，临到全世界，也临到我们，我们要宣说，要讲解，要神学。我们若不传扬，若不发声，看哪，石头也要呼喊起来了。[5]

救赎论

上帝以话成身，旨意是要作成救法，借以救度世人，俾得回向上帝脱离罪恶与死亡。罪恶是什么？从何而起？为什么人在罪恶之中不能自拔，而必需上帝的救赎呢？罪与恶，常连在一起说，道德上的堕落谓之罪，人生上的亏欠谓之恶，二者相连而不全同。有罪必有恶，有恶是否必有罪，乃是一个须要研究的问题。在中国思想中，论到道德，人多提恶，少提罪，以恶为道德上的亏损，不以罪为道德上的堕落，往往善恶并提，以彰其相对，如老子所谓天下皆知善之为善，斯不善已；不善即是恶，不过是相对的性态。中国人提到罪，往往是犯法犯忌的意思，例如谏诤之臣，上封事，进奏章，说自己"死罪死罪"，并非自己真有道德上的溃败；又例如甲无心触忤乙，而有了触忤的举动，便说"得罪得罪"，请求原谅，并非自己真有道德上的亏欠。不过有时罪与恶互相通用，例如"获罪于天，无所祷也。"获了罪，即是作了恶。劝人为善，不提恶字，而说"诸恶莫作，众善奉行"，"万恶淫为首，百善孝为先"。以恶对善，不以罪对善。人犯了法，作了奸犯了科，才说是犯了罪。为不善者不是罪人，而是恶人；犯法者，不称之为恶人，而当呼之为罪犯。亏德为恶，故恶从心，由于意志，发于内；违法为罪，故罪于非，由于行为，形于外。基督教论罪恶，不作如是观。罪是遂逆上帝的心态与行为；违逆上帝固然是违逆了上帝的旨意；违逆了上帝的旨意，固然是违逆了上帝的法度;但是在根本上是违逆了上帝自己。违逆上帝,一方面是害心逆性,一方面逆天抗命,二者都由乱用自由,误作选择,都由于意志的倾向于邪途。罪成事实,本性遂亏,本性之亏,便即是恶。所以恶之为恶,由于有罪;异乎中国思想上所指罪由于恶的那种看法。若说罪由于恶,那末恶由于什么呢?基督教的神学上论到罪,原于始祖亚当夏娃的违逆上帝,由是而作成的堕落。所以为罪字下定义,可以说罪即是违逆上帝。推而论之,又可说自私自大谓之罪,违天抗命谓之罪,在己则堕落谓之罪,对人则淫杀贪狠谓之罪,一切恶心恶行均谓之罪。

罪与恶虽然相连,却有差别。在于人,罪是恶之因,恶是罪之果;有罪,然后有人性上的亏损,有身心上的苦恼。在于物,也有恶,不过上面已经提到有罪必有恶,有恶是否必有罪是一个问题。物界的恶,有物与物之间彼此的相残,有物加在人身上的痛苦;残害与痛苦都是恶。例如毒蛇猛兽害虫鸷鸟,都彼此残害,都能杀人,又如洪水旱旸山崩地震海啸陆沉飓风巨雹等等都有害于人。这些都是恶,而不得谓之罪。哲学上神学上,所以有自然之恶,人为之恶的区别。有恶必有残,必有痛苦;所以痛苦亦可以当作恶看。人为之恶就是罪孽,自然之恶仅为灾祸与痛苦。在人的经验之中,罪与恶,恶与痛苦是环结系连的。人是灵肉合体,心物互渗的存在者,罪与恶。影响到心灵,也影响到身体,生出精神的痛苦,也生出身体的痛苦。人的罪恶,可以引起物的灾祸;例如斩伐森林可以召水灾,不讲卫生可以成瘟疫。物的灾祸,可以引起人的罪恶,例如两个部落同要避害,而争取佳壤,由是而杀人盈野;一个国家感觉得土地的窄隘,出产的不足,原料的难得,要求增益,就要肆凌侵,发战争,攘夺他国的财源。罪与恶相连,人与物相纠,灾祸频仍，争攘迭起。推本穷源，人乃要问，有罪必有恶，有恶亦必有罪么？有自然之恶，必有人为之恶随之；有人为之恶，亦必有自然之恶随之么？设若人不犯罪，违逆上帝，物界之中，就没有了灾祸么？《圣经》里好像有这样的指示；中国的旧思想也好像有这样的指示。君王有道，就有风调雨顺、国泰民安的现象；宰相秉正，就可以变理阴阳，调和万物。《中庸》里竟说："致中和，天地位焉，万物育焉。"人而尽性，竟可以参赞天地之化育。换一句说，人而为善，天地就可以无恶，自然就可以驯良。中国的旧思想是主张阴阳调协，人天合参的，是一种自然人文主义。《圣经》不作这样的主张，所指示的是：上帝创造了亚当，要他"管辖海里的鱼，空中的鸟，地上的牲畜与昆虫，并管辖全地。"（《创世记》一章二十六节）亚当犯了罪，在上帝面前堕落了，遂致被逐，大地因此而受了咒诅，成了祸灾。（同上三章十七、十八节）圣保罗在《罗马书》里，也似乎有这样的看法；他说："受造之物，切望等候上帝的众子显出来；因为受造之物服在虚空之下，不是自己愿意，乃是因那叫他如此的。但受造之物仍然指望脱离败坏的辖制，得享上帝儿女自由的荣耀。我们知道一切受造之物叹息劳苦，直到如今。"（《罗马书》八章十九至二十二节）换一句说，人有罪恶，所以物有祸灾，人若完全回向上帝，宇宙中就没有自然之恶了。然则恶果必有罪，果全因于罪么？本文无暇及此，著者无力及此，只得等待有大智者的解释了。

罪与恶，对于人是一个极严重的问题。许多有思想的人为了不能解答这个问题，就不肯做基督徒，丢失了对于上帝的信仰。许多人因此而悲观厌世，因此而放诞胡行。还有许多人竭心殚智，想解决这个问题。解决的方法不少，却没一个给人一个满意的答复。科学对于这个问题置之于范围之外，不问不闻。哲学则议论纷纭，莫衷一是：一元论碰在一个根本的矛盾上，或说恶是善的过程，本无实性，或说世界是可能最美善的世界了，人即须乐观而努力就是了。二元论主张善恶永远并存，说似未说，讲如未讲。自然论说善亦自然，恶亦自然，在于自然本无善恶之可言，唯物论定命论都无异议。道德论呢，或主享乐，或主功利，或说价值的主观性，或说道德的相对性；其最高的理论，如康德实际理性批判论所言，不过说得人当为善，人当，所以人能，不曾提到人当，人却万万不能的事实。人类自力为善，自力胜恶，而恶愈盛，善愈衰，每况而愈下。问题依然峙立着，像一座愚公移不尽的崭岩，像一个精卫填不满的海洋。可是问题是不能不解答的，千千万万人因了罪恶沦灭于痛苦死亡之中，什么是他们的救法呢？用政治的方法可以解决恶的问题么？可以减少或消灭痛苦么？权能政治，非争不可，非渐入于完全的统制不可，非使人作政治机器中的机器不可。政治与经济纠结莫分，政治之争，即是经济之争，经济之争，即是政治之争，一正一反一综合，综合之后，又有一正一反一综合，将永为大众的祸患与痛苦。没有一个超历史的势力，没有一个超自然的信仰，没有一个超人生的意义，问题总无法可以解决。且问题是哲学与宗教的问题，非哲学寻解释，宗教给答复不可。非先解决罪与恶，痛苦即得不到减少的可能。宗教的解答必须先去罪恶，然后对付痛苦。若像佛教那样说空，说涅槃，专讲度一切苦厄，不论去一切罪恶，除非离开世界，亦无法则。出世主义是欲去痛苦而去人的办法，亦不得一当。问题是人所不能解决的，只有上帝亲自来临，方始有眉目，有成功。

在讨论上帝的救法之前，还有一个问题，是该提到的，即是：罪与恶是那里来的。上帝全圣全善，上帝里面，毫无黑暗，毫无转动的影子，决无罪恶从上帝而来的道理。上帝全在，上帝独一惟尊，在上帝之外，更不能在与上帝相对的罪恶独自永存。上帝无内无外，本体通明。然则罪恶由人而来的么？人既为人，固能不违逆上帝，不犯罪不作恶么？上帝造人，按着自己的形象，人当然是罪恶全无的。上帝所造的亚当是什么样的人呢？据可想的说，亚当应该完全服从上帝，因他有无穷的要求，只有上帝本身可以给他无穷的满足。亚当若一无所有，只有要求，那末他需要知识，需要权能，需要心灵肉体完全的满足。亚当生活之始，所有的只有上帝的命令。这个命令，按《圣经》的指示，有积极消极两方面。积极方面，上帝命令他管辖全地，消极方面，上帝命令他不食禁树的果子。(《创世记》一章二十六节，二章十七节)他所有的知识尽在于此！他有自由，可以选择，没有知识，不能分辨，既无善恶之辨，如何能犯罪呢？不为选择，又如何见得有自由呢？不犯罪作恶，又如何知道善是善，须要奉行，恶是恶，须要拒绝呢？一个命令含带着几何知识与知识的辨别呢？《圣经》将引诱放在亚当之外，不放在亚当本性之内，是有意思的。然而夏娃出于亚当的肋骨，卑于亚当，蛇为蠢物，卑于夏娃；蛇试探夏娃，夏娃试探亚当，至于违令犯罪，至于堕落。(《创世记》三章一至六节)蛇的恶念是从哪里来的呢？这很像希腊哲学家之说，真实之本，不造世界，因为世界虚空，并非真实，世界有恶，非真实之本所出；推而远之，虽至无穷，仍不能离开其根源。《创世记》用神话代哲学，讲论罪恶之源，推到蛇的身上。问题还是不解决；因为蛇是上帝所造，本出于善，其恶念、其疑心是从那里来的呢？在思想者想来，有蛇无蛇，俱非重要。事实是亚当犯了罪，作了恶，堕落了。亚当如何兴此恶念？怀疑上帝，不信上帝，虽不食禁果，已经是罪，罪起于心，成于行，不在于行，而在于心。恶心即是恶，心本无恶，何以起恶？而恶意起，是一个谜，一个看不透的奥秘。且将蛇置之不问，只问亚当若知食了禁果，知识权能可以与上帝齐等，即冒一死而尝试之，亦像是一种伟举。况死之未至，不知死为何物；况死与不死，尚在未可逆料之际，冒死食果，宁非所当？又况不堕落，在我们人的思想中，看不出亚当如何而能为善以成人格，堕落岂不成了人生向上所必经之路？若说亚当自大，妄为僭夺，若说自大僭妄即是罪恶，那末亚当本性受于上帝，既非有恶，此恶又何由而生出呢？如此说来，上帝全圣全善，绝非恶之所由；亚当本性无恶，亦非恶之可由；恶究竟是哪里来的呢？追根穷源，是一奥秘，在人生的根本上，事事是奥秘；奥秘当前，我们有限制的人只有惊奇，只有认定事端，说上帝全善而无外，说罪是人犯的。人如何犯罪，我们不知道。我们只知道人犯了罪，不了解他如何犯了罪。在亚当所处的情形中，欲求无穷，不能不犯罪。不可说“必须”，亦要说“不免”。再进一层，我们要问，上帝全知全能，全知则无过去现在将来，一切皆知；全能则无上下左右中央，一切皆能。为什么全能的上帝不防患于未然，杜恶于已成？为什么全知的上帝不宣示罪恶之来由？上帝若知，则恶未曾有，如何已知有恶；知识必有对象，无对象之知，何得为知？上帝若不知，则又何以为全知？知事之可能么？必有其为可能者，有其为可能者，非即本为实在者么？若知有恶，若知自自知，非知其在上帝自己之内么？上帝全善，又何以知！若知人必为恶，上帝何必造人？若知人可能为恶，自必有恶之可为，上帝何不先制恶而后造人？人的理知有限，转来转去，不见端倪，想是理知的亏欠，不是上帝的有什么亏欠。理知只能制形下，不能穷形上。晓得这一点，我们只有惊奇，只有说《圣经》的指示最为正确。《圣经》上说，上帝在创世以前有隐藏奥秘的智慧。(《哥林多前书》二章七节)基督在创世以前,是豫先被上帝所知道的,(《彼得前书》一章二十节)人是凭着基督的宝血而得赎的,(同上十八、十九节)也是在创世以前在基督里被拣选,或被拒绝,而不记载在生命册上的。(《以弗所书》一章四节,《启示录》十三章八节)无论我们作何种解释,上帝是全圣全善全知全能的,已在创世以前预备了拯救[6]的羔羊,预知了耶稣基督,预作了我们的救法。要紧的不在乎我们的了解不了解,而在乎罪恶是不是有打倒的法则,人类有没有解脱的可能。如今我们认定了事实,晓得人不能自拔于罪恶,自超于死亡,也晓得上帝,只有上帝有救度人类脱离罪恶、超出死亡的方法。理知要尽其所能,理知的尽头是信仰;理知所能解的未必是真理;理知所不能解的未必不是实事;所以人不能因理知而为义,只能因信仰而得恩。

人有罪恶,不能自救,惟有上帝成身才能拯拔他从罪恶里出来。上帝成身做成了三件要事:一是耶稣基督所言所行表示了纯全良善的生活,是生;一是耶稣基督因纯爱而牺牲,死在十字架上,是死;一是耶稣基督借着圣善全能由死里复活升天永不再死启示了胜罪胜死的经过,是永生。三事俱全,乃成救法。《圣经》上神学上都将重心放在耶稣基督的死上,说明没有十字架上的舍生,人类就没有得救的可能。但是没有耶稣基督那样生,虽有十字架上的死,死亦毫无意义,毫无功效;没有耶稣基督那样复活升天,虽有十字架的舍生,舍生亦毫无功效,毫无意义。既有其生,复有其复活升天,耶稣基督的死就成了上帝救人工程中的最高点。生不纯善,死即是罪人的死,无以成为救赎的方法;死而不复活升天,死是归于毁灭的终结,不是打倒罪恶死亡的法门。所以耶稣基督的死,并由死而成的救法,全因其纯善的生活,全能的复活与升天,而得为全备的事工。论到十字架上的死,《圣经》上有各种记载与讲解,说明其赎罪的功能。保罗说:“基督既为我们成了咒诅,就赎出我们,脱离律法的咒诅;”(《加拉太书》三章十三节)所以保罗“不知道别的,只知道耶稣基督,并他钉十字架”。(《哥林多前书》二章二节)他在《以弗所书》里说:“你们从前远离上帝的人,如今却在耶稣基督里,靠着他的血,已经得以亲近了。因他使我们和睦,将两下合而为一,拆毁了中间隔断的墙,且以自己的身体废掉冤仇……他既在十字架上灭了冤仇,便借这十字架使两下归为一体,(两下指犹太人与异邦人)与上帝和好了。”(《以弗所书》二章十三至十六节)这样,人“蒙上帝的恩典,因基督耶稣的救赎,就白白的被称为直。上帝设立耶稣作挽回祭,凭着耶稣的血,借着人的信,是要显明上帝的正义”。(《罗马书》三章二十四至二十五节)《约翰一书》里,著者说:“若有人犯罪,在父那里,我们有一位中保,就是那义者耶稣基督,他为我们的罪,作了挽回祭;不单是为我们的罪,也是为普天下人的罪。”(《约翰一书》二章一节、二节)《彼得前书》里则说:“他被挂在木头上,亲身担当了我们的罪,使我们既然在罪上死,就得以在义上活,因他受的鞭伤,你们便得了医治。”(二章二十四节)又说:“基督也曾一次为罪受死,就是义的代替不义的,为要引我们到上帝面前。”(三章十八节)《希伯来书》的作者以耶稣基督为大祭司,说“他用自己的血,只一次进入圣所,成了永远赎罪的事”,他“以自己奉献为祭,借以除罪”。(九章十二节、二十六节)“我们既因耶稣的血,得以坦然进入至圣所,是借着他给我们开了一条又新又活的路,从幔子经过,这幔子就是他的身体。”(十章十九、二十节)以上所引,虽各有出入,大旨是相同的,都以为耶稣的死,作成了赎罪的救法,足以除净人的罪,使人经过了他,而达到上帝面前。

但是《圣经》的话我们不容易明白，仍旧要问：耶稣基督的流血舍命为什么、怎么样可以除掉人的罪，而使人与上帝和睦呢？历代以来，神学家用尽心血，为这件事作解释，都不能令人满意。或说耶稣基督以死为赎价，付与魔鬼，将人从罪里从魔鬼的权势之下赎出来；或说耶稣基督以无罪的义人，站在罪人的地位上，代替罪人受该受的死刑，使该死的站在耶稣基督的地位上披戴着他的义，成为圣洁，得与上帝和好；或说上帝恼怒罪人，非置之死刑而后满意，耶稣基督代其受刑，以无量宝贵的身体，担当了无量罪恶的刑罚，满足了无量尊严的要求；或说上帝治理万有，自有法统，人不能坏这法统，所以必须罪人受应得的死刑而后可以维持法统的尊严，耶稣基督乃为罪人忍受一切，以符这个维持法统的要求；或说耶稣基督在死里表彰了纯全至大的爱，因而发生了道德的影响，使人仰瞻宝架的奇恩，深受感动，诚忏罪愆，心中得了改变，脱离罪恶，而蒙上帝的悦纳。凡此种种说素，都不能使人得清楚的了解，也都不能令人满意。最早最无理的说素，是基督以赎价与魔鬼作交易；基督以血为赎价，岂能这样被曲解么？代替论则不合道德的条件，不符律法的制裁。基督能替罪人作罪人，罪人能替基督作义人么？人格必内启，道德不外铄，岂有人而能披带他人之恶，穿上他人之善？法律若公正无偏，能使义人代替恶人死，而反释放恶人听其自由么？满足论则以上帝基督为对，裂公义慈怜为二，岂有上帝亲自话成肉身，而父子异旨异事么？法统论则与代替论有同样的错误而危险更大，耶稣基督不该死而竟听其死，岂不欲维持法统，而适以推翻了法统么？道德影响论则失之浅薄，息忿论则失之机械式；岂有耶稣基督而仅仅发生了道德的影响么？岂有圣善的死可以息忿，可以用古昔宗教机械式的礼节使上帝息了忿么？岂不使上帝与基督机械式的离二了么？在我们这时代，宗教学、道德学、法学、心理学已经作了这些说素的反驳，使我们看见所有的论调均无成立的可能。然则我们又当怎样看耶稣的死，为《圣经》的指示作解释呢？

我们应当指出耶稣基督的死，究竟成了什么事。第一，我们认清赎罪的事，上帝即在耶稣基督之内，圣父圣子同心无二；圣子的死等于圣父亲自死，圣子的牺牲等于父亲自牺牲。第二，上帝对罪果然忿怒，罪为因、死必为果，忿怒已经彰显于此因果的相仍。此因果的关系若不打破，忿怒即无以息止。上帝与耶稣基督同心一致，要借十字架的死而打破这个因果的关系。第三，耶稣基督的死启示上帝的爱，至于极点。没有十字架上的死，他虽能表显纯爱，却终不能至于此极。他自己说："人为朋友舍命，人的爱心没有比此更大的了。"（《约翰福音》十五章十三节）人将生命给予了，便将一切一切给予了。上帝施舍自己，不留涓滴，如此至爱，是无以复加的了。第四，耶稣基督的死显明人的罪恶，亦至深至多。人能将纯善纯美的爱，至圣至仁的人钉在十字架上，罪之可恶，罪之险丑，亦可想而知的了。人的腐败，心的溃烂，亦可以察知的了。第五，耶稣基督的死，分明是因他与罪恶不肯有丝毫的妥协，对罪恶不曾作分寸的投降，他以全心全力全生命攻打罪恶。他的死，在表面上看，是圣善的失败，罪恶的胜利。但是他说："这世界的王将到；他在我里面是毫无所有。"（《约翰福音》十四章三十节）世界的王，是魔鬼，是罪恶；他在耶稣基督里毫无所有，是耶稣基督不给他留丝毫和余地，乃要将他完全制伏在脚下。耶稣基督受死受苦难，是用舍己的方法制伏罪恶；他的失败，就是他的胜利。他说："在世上你们有苦难，但你们可以放心，我已经胜了世界。"（《约翰福音》十六章三十三节）他不但是胜利，并且要施行审判，所以说，“圣灵来了，就要叫世人为罪、为义、为审判、自己责备自己；为罪，是因为他们不信我；为义，是因为我往父那里去，你们不再见我；为审判，是因为这世界的王受了审判。”（同上十六章八至十一节，十二章三十一节）不但是审判，并且要因死使人归向他，所以说：“我若从地上被举起来，就要吸引万人来归我。”（同上十二章三十二节）这样，耶稣基督的死是他制胜罪恶，审判世界，吸引万人的方法。第六，耶稣基督是圣善之源，仁慈之本，圣善仁爱，决不能归于朽坏，所以他死了，又复活了。他用死制胜了死亡，开辟了永生之门，给万人建设“一条又新又活的路”。我们为耶稣基督的死如何赎罪这一事作解释，应当依据上列的六端。然而我们又怎样作解释呢？

我们先要问“义的代替不义的”是什么意思，从消极方面说，耶稣基督不能代替我们作罪人，也不能代替我们建立我们的德行。罪人是我们自己作的，善人也是我们自己作的。人是人，挺天立地，独立苍茫，须要自食而饱，自衣而暖，自学而知，自病而死，自立而成事业，而成品格。人可以得鼓励，求援助，却不能由人衣食而自己得饱暖，由于学习而自己得知识，由人代病而自己不死，由人为善而自己成品格。人可以与他人同工而自成。所以耶稣基督可以差遣圣灵来援助我们，不能作我们道德上的替代。从积极方面说，耶稣基督果然代替我们作了我们所万万不能作的事情。第一，他为我们垂示了一个制胜罪恶的法则，制胜了罪恶，这是他代替我们找到的，也是代替我们作成的。我们当然还要自己去胜过罪恶。但是他代替我们开了路，又差遣圣灵来给我们引导与力量。第二：他代替我们打破了死亡。我们当然仍旧要自己去经过死亡。但是因为他已经开辟了那又新又活的路，我们过去依赖着他的引导，凭持着上帝赐与的信仰，就容易办了。“代替”是“为我们”成就的意思；他“为我们”开了打倒罪恶、揭穿死亡路。我们所万不能作的，只有他能作，因为他是纯善的上帝，是话成肉身。他的死因此作成了救赎我们的法则；有了他的死，我们就有路可走，没有他的死，前面黑漆一团，无路可通，我们是绝对没有办法的。等到我们有了办法，我们的道德责任是努力奋进，制胜已经为耶稣基督所制胜的罪恶与死亡。若说耶稣基督代替了我们，我们可以不动一指，不作一毫，我们岂不成了废物，做了机器么？上帝为什么还要救我们呢？得了如许废物，如许机器，上帝就有了荣耀么？若说耶稣基督代替了我们为善，代替了我们受死，我们当然可以圣而不死，为什么我们还是不圣，须要努力而成圣，为什么我们还是要死，还须要经过死亡而得生命呢？事实所指，我们不能否认，经验所示，我们也不能曲解。

救法的全部在我们求救的行为上，须怎样才能发生影响与效率？耶稣基督要成全救法，有他的事；他的事是成身立德受死复活升天差遣圣灵，完成全部事工。我们要得救，有我们的事，我们的事是信受忏悔精修做见证，服务人群，经患难引诱试练死亡而胜过罪恶死亡，战战兢兢地做成我们求救的工夫。我们开始努力，便会感觉一无所能，连信仰都发生不出来。但是我们还得做。保罗说：“当恐惧战兢作成你们得救的工夫；因为你们立志行事，都是上帝在你们心里运行，为要成就他的美意。”（《腓立比书》二章十二、十三节）我们连信仰都没有，但是我们努力信受，上帝就在我们生活里救助我们，给予而增益我们的信仰。信仰就是我们依赖上帝，接受救主，成全救法的行为，中间有主动被动的两方面：主动是我们努力去仰赖，被动是在这种行为中，上帝在我们里面为我们发生信仰。我们是作,也是不作,是作而不作,不作而作。这不是道德上的看法,这乃是宗教上的奥秘。我们信仰,上帝就以信为直,(《罗马书》四章五节)算我们为无罪的,给我们一个重新的开始,行走义路的机会。从此之后,所行的是信仰的事,所走的是信仰的路。我们信受耶稣基督,求他指引而走上他制胜死亡、打破罪恶的路径,上帝就以我们的信为直、我们也就与上帝复和,不再有中间隔断的障翳。在我们信的当际,上帝就赐生命使我们重生。上帝赐圣灵给我们,所以我们得以重生。我们受水的洗礼,也受灵的洗礼,要经过象征的行程,也要经过实际的行程。《圣经》上说:"人若不是从水和圣灵生的,就不能进上帝的国;从肉身生的,就是肉身,从圣灵生的,就是灵。"(《约翰福音》三章五节、六节)保罗在《罗马书》里有同样的讲解;他说:"岂不知我们这受洗归入基督耶稣的人,是受洗归入他的死么?所以我们借着洗礼归入死,与他一同埋葬,原是叫我们一举一动有新生的样式,像基督借着父的荣耀,从死里复活一样。我们若在他死的形状上与他联合,也要在他复活的形状上与他联合。"(六章三至五节)水的洗礼是实际的象征,有形有色将实际的行程表显出来。人受洗礼,入水是象征死,没顶是象征埋葬,出水是象征复活。耶稣基督作成救法是经过死亡,经过埋葬,经过复活的;我们要得救,也得要经过耶稣基督所经过的,也得要经过死亡,经过埋葬,经过复活。我们的重生,就是我们的复活。所以说:"人若不是从水和圣灵生的,就不能进上帝的国。"救法的行程,是要人经过了,然后发生效率。耶稣基督成了救法,我们若不依仗圣灵的指引,走过耶稣基督所走的行程,就与我们无干。耶稣基督死而复活,是不是救法,我们若不是亲身经历到,如何能知道呢?这个救法有效没有效,成功不成功,我们若不是亲历一遭,亲验一番，又如何能了解呢？上帝的事，超乎理知，固然；则上帝不是无理的上帝。他的旨意是人所不能到的，人不必知道，也不能知道。人所当作的，当经的，人作了经了，人就可以知道，也应该知道。这不是说耶稣的肉身被钉在十字架上而死，我们每一个信徒都必照样地被钉在十字架上而死。这不是说耶稣基督的肉身死了，被埋葬在新凿的石墓里，我们的尸体，也必要有这样埋葬。若使我们死了，被剁为肉泥，被化在火中，被丢在海里又怎样呢？这不是说，耶稣基督复活了，显现给信众看，我们也得那样办。这乃是说，我们因信跟随耶稣基督，要决志死心塌地一般向着罪恶死，要像埋葬一般与罪恶完全断绝无关，要像复活一般向着上帝作信仰依赖顺服快乐的生活。保罗说："我们的旧人，与他同钉十字架，使罪身灭绝，叫我们不再作罪的奴隶；因为已死的人，是脱离了罪。我们若与基督同死，就信必与他同生；因为知道基督既从死里复活，就不再死，死也不再作他的主。他死是向罪死，只有一次；他生是向上帝生。这样，你们向罪也当看自己是死的，向上帝在基督耶稣里，却当看自己是生的。"(《罗马书》六章八至十一节。)

然则人的得救是由于耶稣基督的死与复活，是由信受而被称为直，而重生，而行耶稣基督所行的行程，而得征验，而有解释的。人的得救是由于耶稣基督的与人同一，也由于人与耶稣基督的同一，而见到实际，得到实效的。我们无以名这种解释，即名之曰同一论。据同一论之所讲，救赎的方法起于创世，启于成身，成于钉架，彰于复活，圆满于升天，全备于圣灵的来临，审判的昭示。我们不解罪恶的起源，只知上帝全善全能全知全爱，世人有罪有恶有苦有死。罪恶的问题不须要解释而须要对付；只有上帝亲自担当我们的重担，才有去恶成善，出死入生的办法。上帝神圣，人不能问上帝，这是为什么，那是为什么。但是上帝至爱，他亲自来指导我们，告诉我们这是如此，那是如彼。上帝在耶稣基督里，受苦受死，人才可以见光明，得解答，有满意。至爱的神在耶稣基督里成身受苦，入死复生。是表示上帝非如此不能有完备的启示，不能得整全的满意。上帝在耶稣基督里既已作成了救赎的圣工，他自己得了满意，也叫人得了满意。耶稣基督的死，不但是叫上帝满意，也叫人满意。人本不配受这样莫大的救恩，只因上帝是爱，人遂竟受了这样莫大的救恩。是恩即不是世人所谓之法，若是救赎是按律法而成的，（律法是《圣经》的译词，通用词是法律）恩典二字即无意义。保罗的思想甚深且确，他说："上帝的义已经在律法以外显出来，有律法与先知为证；就是上帝的义，因信耶稣基督临到相信的人，并没有分别，因为世人都犯了罪，亏欠了上帝的荣耀。"（《罗马书》三章二十一至二十二节）救赎超乎律法，而不背乎律法，所以有律法与先知为证；救赎若不超乎律法，按律法而论，罪人只有死于罪中，死于天刑。而上帝竟以信为直，所以救赎是出于恩典。所以保罗说："如今却蒙上帝的恩典，因基督耶稣的救赎，人就可以白白的被称为直。"（同上二十四节）同一论说上帝与人同一，以致人可以与上帝同一，同时亦因此而说明了恩典的意义。上帝启示正义，即是启示恩典，正义与因典本不相背。上帝施行正义，即施行恩典，自己以此为满意，也使人因此得了满意。

以上所论，只说到耶稣基督的救赎，使人出罪恶出死亡。人所需求的不单是出罪恶出死亡，且是出痛苦出患难。佛教以度一切苦厄为事，不谈罪恶；基督教不然，乃以度一切罪恶为事，而包括了救度苦难的实际。死亡是一切苦难的总归，度出死亡，即包括了度出苦难的事工。耶稣说："在世上你们有苦难，但是你们可以放心，我已经胜了世界。”(《约翰福音》十六章三十三节)胜过不是免去的意思;耶稣基督救赎了人,人还得要经历苦难,担当苦难。不过人与耶稣基督同一,能凭圣灵之力,制胜罪恶与死亡,即使经历苦难,也就容易,而且有意义了。所以耶稣说:“我的轭是容易的,我的担子是轻省的。”(《马太福音》十一章三十节)世界上本有两种苦难:一种是罪恶的结果,例如徇私纵欲而患疾病,失健康,奸盗邪淫而受惩治,失平安;一种是成圣的经历,例如耶稣基督的受鞭笞,上十字架,圣徒的涉危履险,受欺凌,被压迫,甚至于殉道。人若因着耶稣基督的救赎而胜了罪恶,他就克制了第一种苦难。克制了第一种苦难,则虽担受第二种成圣所需的苦难,心中也有平安与快乐了。人因信仰得以进入恩典,站立在其中,“并且欢欢喜喜地盼望上帝的荣耀。不但如此,就是在苦难中也是欢欢喜喜的,因为知道苦难生忍耐,忍耐生老练,老练生盼望,盼望不至于羞耻,因为所赐与我们的圣灵,将上帝的爱浇灌在我们心里。”(《罗马书》五章二至五节)保罗说:“我想现在的苦楚,若比起将要显于我们的荣耀来,就不足介意了。”(同上八章十八节)又说:“所以我们不丧胆,外体虽然毁坏,内心却一天新似一天。我们这至暂至轻的苦楚,要为我们成就极重无比永远的荣耀。”(《哥林多后书》四章十六、十七节)又说:“谁能使我们与基督的爱隔绝呢?难道是患难么,是困苦么,是逼迫么,是饥饿么,是赤身露体么,是危险么,是刀剑么?……靠着爱我们的主,我们在这一切事上已经得胜有余了。因为我深信无论是死,是生,是天使,是掌权的,是有能的,是现在的事,是将来的事,是高处的,是低处的,是别的受造之物,都不能叫我们与上帝在吾主基督耶稣里的爱隔绝了。”(《罗马书》八章三十五至三十九节)这样说来,出罪恶,出死亡,也就出了苦难。耶稣基督救我们出罪恶出死亡,也就做了我们救苦救难的救主。我们信他,并不要逃避世界,躲去苦难,乃是要入世担受,成圣而得胜利。信徒自己要胜过死亡,应当进入世界,为同胞为同类担当苦难,克服苦难。古昔的圣徒如此行,今日的信众也当如此行。为同类同胞受难,信徒就可以像保罗一样地对人们说:“死亡在我们身上发动,生命却在你们身上发动。”(《哥林多后书》四章十二节)我们所忍受的,就变了人群幸福的因由。我们与耶稣基督同一,他因担受苦难而救苦难;我们也要担受苦难而救苦难。(《腓立比书》三章十至十一节)我们要在“肉身上补满了基督苦难的亏阙”,(《歌罗西书》一章二十四节)借以减少世界的痛苦,而与基督一同作成了救度的事工。

耶稣基督救赎的工作,是继续不断的工作;所以耶稣基督升天之后,有圣灵降临,在人心里,在教会里,连接着运行救赎的功能。圣灵过化存神,像风吹,像火烧,(《使徒行传》二章二十节)要使信徒心里充满了爱,(《罗马书》五章五节)充满火热的圣情,充满了洋溢的能力。圣灵要导人进入一切真理,使人成圣。(《约翰福音》十六章十三节,十七章十七节)要为人代求,用说不出的叹息替人祈祷;(《罗马书》八章二十六节)要像宝剑一样抵抗恶势力,(《以弗所书》六章十七节)那两面有锋的剑要刺透剖入人魂的骨与髓;(《希伯来书》四章十二节)要使人结出圣善的果子来。(《加拉太书》五章二十二节)救赎的事工,若只指着救人出罪恶出死亡,是不完备的。人单是出罪恶出死亡,而没有积极的成就,有什么意思呢?耶稣基督救人不单要人得解脱,乃是要人归向上帝,与上帝和睦,要人成圣,要人“认识上帝的儿子,得以长成,成为全人,满有基督长成的身量”。(《以弗所书》四章十三节)人得救,不单要撇弃旧性,乃要“心志改换一新,并且穿上新人,这新人是仿着上帝造的,有真理的正义与圣洁”。(同上二十三、二十四节)救法的目的是要重造再造一个新天地,(《启示录》二十一章一节)是要重造再造一个新人生,新社会,新人类。耶稣基督的运动是天国运动,关乎万民的;(《路加福音》二章十节)耶稣基督的救赎是全备的救赎,笼罩万有的。因此,我们不嫌重复地说,他要入世成身受死升天差遣圣灵,一直工作,直到“日期满足的时候,使天上地上一切所有的,都在基督里面同归于一”。(《以弗所书》一章十节)因此,他要与人同一,他要做人;也要人与他同一,经历他所经历的,而得“满有基督长成的身量”。上帝要统治宇宙,管理万有,有人服从,而作上帝的儿女,作光明的人,作自由的人。上帝救赎人,要使创造的化工在再造的救法上得了完成,要建立圣徒之国,上帝之家,其中有上帝为公认公信的主宰与父亲,世人为相亲相助的儿女与弟兄。这样,我们总结一句说,上帝在耶稣基督里的救法救恩救赎是全备的,是个人的希望,社会的福音,万汇群生合一成全的大经大法。

一九四八年五月十八日

道德论

上帝创世成身，救赎人类，要人仰赖耶稣基督，而成圣洁，不但在生活上显出救恩的奇妙，并且在行为上表示德行的尊崇。换句话说，救法要在人的行为上生效率。人与人群必须有道德的生活与行为。我们讨论了创世、成身、救赎问题之后，还得讨论道德问题。首先我们应当明白基督教伦理学的根基。

基督教的性质决定着基督教伦理学的性质。基督教跨着两个世界：一个是超越而内在的永恒世界，一个是流动而变迁的现实世界。其道德是本于上帝神性的至善至爱的，在永恒的世界里扎根，而在现实的世界里开花结果子。道德律是上帝的命令。上帝的命令即是上帝的话，即是上帝自己，亦可说那是上帝的形象。上帝创造人，按照自己的本性，自己的形象；所以人性里包蕴着上帝的命令，顺性而行，即是顺服上帝的命令，逆性而行，即是违背上帝的命令。人堕落了，违背了上帝的命令，人里面上帝的形象被罪恶蒙蔽了，损坏了，不复能服从上帝，亦不复能自拔于罪恶之中。上帝乃入世成身，启示圣范，使人重见道德命令的尊严，也使人知道罪恶的深得。入世成身的上帝在耶稣基督里显明出来，启示着上帝的本性，颁布着上帝的命令，一则要再申命令，一则要在人生活里再造成上帝的形象，使人顺命而作道德的行为，至于成全上帝的旨意。所以耶稣基督的启示，即是上帝命令的表显，亦即人性本质的表显。人性之中本含上帝的形象,本蕴上帝的命令,本有道德律。人不外于道德律,道德律不外于人,二者相函,原为一体,所以人遵循道德律,即是顺性,即是由自己,即是自由。在这一点上,历来中西圣哲俱有相同的指示。苏格腊底从他自己里面灵明的指示,其实即是顺从人性之内的道德律,即是遵循人性之内上帝的命令。斯多亚派的哲学家以自然为因,自然为果,因在自然之内作主宰,亦在人性之内作主宰,而此主宰人行为的,即是道德律,即是上帝的命令。康德在实际理性批判论里,亦有相似的看法,以为人的意志之中,包含着道德建。人必自由,然后可以有道德的行为。所谓自由即自能为因,自己之外,更无外力外因,使其作选择作行为。自己之外若有能决定人行为的因或力,人即非自由,即不能有道德的行为。人意志之中包含道德建,所以循之即是自顺自性,所以是自由。凡此种种看法,莫不与人性含蕴上帝形象的看法互相印证。中国的圣哲亦这样讲。《中庸》开首即说:"天命之谓性。"孟子则有良知良能的议论,说是非之心,人皆有之。意思就是说,人须作道德的行为,因为人的本性须要如此作。他竟更进而说善养浩然,人若善养而不害性理,且可察知这浩然之气,充塞乎天地之间。张载《西铭》里则直截地说:"天地之帅吾其性。"诚如是,则上帝的命令种在人心里,上帝的形象造在人性里,是人可以经验到,省察到的。上帝不让自己在世界万人之中完全没有自己的明证。

上帝创世成身,为自己的启示。基督教的伦理学是建立在上帝在耶稣基督的启示之上的,启示因此是基督教道德的根源与基础。因此道德与神学同一渊源,道德的理论是神学的一部分,往往被称为道德神学。神学讲解上帝的性德,随着《圣经》的指示,说上帝全知全能全在全善。道德则以上帝全善为出发点。上帝全善,当然要人完全从善行善，不愿人犯罪作恶而违反上帝的旨意。上帝责人去恶从善，拒罪成圣，出死入生，人不能应；所以上帝亲自来格，在耶稣基督里话成肉身，以作启示。耶稣基督所启示的，第一是善范，第二是诫命，第三是标准，第四是权能，第五是归宿。论到善范，耶稣基督在积极方面，建立了纯善纯爱，绝对圣洁的人品；在消极方面，表示无瑕疵无玷污，毫无丝毫罪恶的性行。因此，他做了道德的模范。在道德上人需要模范，需要表率。耶稣基督乃供给了所需求的，成了善范。论到试命，本来就是上帝的命令，本来就种在人性之内。但是因为人犯了罪，埋没了自己的本性，所以不能没有一个悬在外面的诫命。先知圣贤，多少认识道德律是什么。希伯来人中间，则有“你当尽心尽性尽意尽力爱主你的上帝，又当爱人如己”的明文。中国人中间则有“仁者人也，义者宜也，”兼仁与义的教训。但是善范不全，人们不能遵行，人性已亏，人们不能实行。耶稣基督来，立了善范，然后给人一条新诫命。他说：“你们要彼此相爱，像我爱你们一样，这就是我的命令。”(《约翰福音》十五章十二节)耶稣的命令，当然就是上帝的命令。他的命令表面上看来与希伯来人所受的命令，毫无差别；但我们若仔细思考，仔细比较，耶稣基督所给的命令，与《旧约》所载的有一个极大的不同。“爱人如己”是以人自己作标准的；“你们要彼此相爱，像我爱你们”，不是以人自己作标准，而是以耶稣基督为标准的。人是不纯全，不纯善的，以人自己作标准，是一个相对的比较的办法。人的知识品格均有亏欠，不但不容易晓得何者为善，何者为不善，并且挟带自私，恒有错误。自私是道德判断错误的根源。人或自信他能爱人如己，己既不善，既自私，岂有不带错误之理？譬如人爱纵酒，爱人如己便要使人嗜酒像自己一样；人爱女色，爱看电影，爱人如己便可以引人于荒嬉,像自己一样。这不过是似乎过分的譬喻。即不过分,人亦常在爱人如己一端上,造成错误。譬如父母爱子女,以己忖度,要儿女学这样,学那样,行这样,行那样,往往欲益反损,强其所难,加其所恶。若改"爱人如己"为爱人如耶稣基督,情形就不相同了。耶稣基督给了命令之后,随即说:"人为朋友舍命,人的爱心没有比这个大的。"(《约翰福音》十五章十三节)绝对无私的爱,方才可以为模范为标准。论到标准,以上已经有多少说明。标准是衡量一切的尺度,而不为一切所衡量。譬如尺,平常用的尺,或稍长,或稍短;在量物的时候,发生了争执,人不能以常用的尺定另一常用的尺果然合度与否。但是国家有标准的尺,人可以将所疑的尺与之相比。人不能说标准的尺稍短稍长,也不能说再要量一量标准。因为标准之外若另有标准,那末那所谓之标准就不是标准。标准是最后的,究竟的,绝对的。耶稣不但以自己为善范,叫人学,(《马太福音》十一章二十九节)而且亦以自己为标准,叫人衡量自己的心机与行为。耶稣说:"我给你们作了榜样,叫你们照着我向你们所作的去作。我实实在在告诉你们,仆人不能大于主人,差人也不能大于差他的人。"(《约翰福音》十三章十五、十六节,又《马太福音》十章二十四、二十五节)

至于权能与归宿,也是从全部启示中指示的。人要奉行上帝的命令,用自己的力量,是不可能的。所以耶稣基督救赎世人,有死有复活有升天有圣灵的来临。圣灵来了,要引导人进入一切真理,(《约翰福音》十六章十三节)使人有辨别的知识,选择的指示,与夫实行的力量。圣灵来了,将上帝的爱浇灌在人心里。(《罗马书》五章五节)知识是权能,爱更是权能。知识是冷静的,爱是意志感情的动作,是热烈的。人因耶稣基督的救赎,信受圣灵,满心的爱上帝爱人，满心火热，就有权能，可以立德立行，做常人所不能做的事情。基督要人行善，是给人力量行善的；所以基督教的道德，是带有权能的道德。道德有归宿，所以有意义。这个归宿要显明道德的生活与行为所要达到的地步，所要达到的究竟。在个人方面道德的生活与行为要人进入永生；在大众方面道德的生活与行为要人成全上帝的旨意，使天国临在，在地上像在天上一样。在这个世界上道德是一个经程。人要立志行善，但是立志行善不在真空之中，而在有罪恶有苦难的世界上。立志行善是与苦难相摩擦，与罪恶作抵抗；胜过了利诱威胁，胜过了情欲无理的要求，仇敌凶恶的压制，不投降，不妥协，人方才是立定了道德的人格。不经此程，意志不能强，人格不能健。基督徒立志行善，不凭自力，而在祈祷之中凭持上帝的应许而向前的，所以要呼吁着“不叫我们遇见试探，要救我们脱离凶恶”。(《马太福音》六章十三节)排除恶，是打消，建立善，是增益。打消中有增益，增益中有打消，少一分恶即多一分善，多一分善即少一分恶，胜一分恶即建一分人格，即促进一分天国。善有真而恶没有真，善独立而恶不独立。梁山泊里的强盗要抢夺必须有弟兄彼此的忠义，不得不建忠义堂以相鼓励；要得势必须有替天行道的假托，不得不竖起杏黄旗来以相号召。梁山泊如此，世间上一切恶的战争，莫不如此。善却不必借重恶的力量。耶稣基督不用石头变饼，不从殿顶上跳下，不拜魔鬼，完完全全依仗着上帝的纯善作成他救赎的事工。善有真，又独立不移；人立了善，自然即有真，即有上帝的本性发展在品格之内。上帝永生，因此立善的人，信受上帝的维持，也有永生。这就是道德的归宿，这就是道德所要达到的目的。世界上有罪恶，有苦难，人在信持上帝，排除罪恶，斗胜苦难的生活与行为中，与圣灵同工，建立好的家庭,好的社会在地上,也有一个辽远的,至终必到的归宿。那归宿就是道德与幸福完全的合一,个人与群众完全与上帝和睦,天国的至终实现。这一切,耶稣基督在成身受死升天复活的救赎工程中早已成全;过去现在将来的一切都包含在其中。所以耶稣基督的启示,又彰显了道德的权能与归宿。

基督教的道德,再进一层说,是上帝完全的舍与所启示的,是一个不计算的生活与行为。世界上的人讲伦理,必要注意义务与权利;有一分义务才有一分权利。或说厚往而薄来非礼也;或说舍己而芸人不宜也。基督教不然,既主张爱,则要爱到底,(《约翰福音》十三章一节)则转左脸,走两里,送里衣。(《马太福音》五章三十八至四十二节)书记在公事室内看自鸣钟,时刻一到,立刻下班,不多做一分一秒,是计算。护士服侍病人,体谅备至,到下换班的时节,不离弃,使病人得快愉,得安慰,是不计算。基督教的道德不知道半斤八两,五十五十的道理。其次,这个道德是纯粹自发的,内心的,由于切求而得的引导,由于与上帝同在而得的觉悟。因为是这样,信徒跟随救主,不计酬报,不觉得有律法上的责任,不觉得有外来的命令,不觉得受驱使,不觉得有张冠李戴,行善不为了善之为善,而为了名利的那种心机。基督徒行善是因为爱上帝爱人;上帝是善的本原,爱上帝就只有因为善而为善。爱人,因为人是上帝所爱的,也就是因为善而为善。为善而想求名,那末所为的不是善而是名;为善而要图利,那末所为的不是善而是利。为善而如此,为之者乃是法利赛人,不是上帝的儿女,不是基督的门徒。(《马太福音》六章一、二节)因为善而为善,由于善的华美庄严,由于上帝本性的华美庄严;人爱上帝,因为上帝全善,华美而庄严。善出于爱,不必出于责任心,而责任心自在,责任自尽;善出于爱,不必有本分的拘束,而本分自在,本分亦自尽,并且超过了本分的限制。爱是意志情感知识的统一,即是全人格的统一,有知识为之分辨,有意志为之着力,有情感为之鼓荡。人格统一的生活是快乐的生活。善出于爱的行为是有力量的行为,有力量的行为是快乐的行为。人格统一而有力量,向前奋进,有把握,有寄托,有内心觉到的自我扩展。在自我遗忘里,自我牺牲里,有伟大的扩展,有伟大的扩展,就有上帝同在的凭证,就有无穷无尽的愉快。譬如男女相爱,全心交托,女要男作的事,男去作,尽心竭力,全是愉快;男要女作的事,女也去作;殚精竭虑,亦全是愉快。人爱上帝,而行善亦复如是。所以基督徒的道德生活与行为,如水之有源,如云之乘风,可收加倍的功效,可得出乎意料的成功。不计算,因为爱不知计算,无拘束,因为爱是内心发的,充盈而自由。永恒的世界在爱里乃冲进了罪恶苦恼的世界。

基督教是宗教,其道德是宗教的道德,跨着两个世界。或有人想,"此曲只应天上有,人间能得几回闻。"上文所说的陈义太高,在永恒世界里虽可实行,在这个破碎纷纭,罪恶苦难充塞弥漫的世界里,未必真的行得通。这种怀疑现在是普遍的。我们应当慎细审查,看看基督教的道德在永恒世界里是怎样,在现实世界里是怎样,不可一味举头天外,大放厥辞。在耶稣基督的教训里,论到钱财则说:"不要为自己积攒财宝在地上,地上有虫子咬,能锈坏,也有贼挖窟窿来偷;只要积攒财富在天上,天上没有虫子咬,不能锈坏,也没有贼挖窟窿来偷。因为你的财富在那里,你的心也在那里。"(《马太福音》六章十九节、二十节)他差遣门徒,则说:"腰袋里不要带金银铜钱。行路不要带口袋,不要带两件褂子,也不要带鞋和拐杖,因为工人得饮食,是应当的。"(同上十章九节、十节)对求永生的少年，他说："你要变卖你一切所有的分给穷人，就必有财宝在天上。"（《路加福音》十八章二十二节）这些教训是不是每个信徒都要遵守，若都要遵守，那末在世界上行得通么？关于夫妇与家庭，虽有夫妇好合，成为一体的教训，（《马可福音》十章七节、八节）却还有不娶不嫁较好的暗示。耶稣曾对门徒说："这话不是人都能领受的，惟独赐给谁，谁才能领受，因为有生来为阉人，也有被人阉的，也有为天国的缘故自阉的；这话谁能领受，就可以领受。"（《马太福音》十九章十一、十二节）又说："人为上帝的国，撇下房屋，或是妻子，弟兄，父母，儿女，没有在今世不得百倍，在来世不得永生的。"（《路加福音》十八章二十九、三十节）"这世界的人有娶有嫁，惟有算为配得那世界，与从死里复活的人，也不娶，也不嫁。"（同上二十章三十四、三十五节）这些教训，耶稣基督虽不要每个信徒遵守，却好像看为较高的道德。若果然是如此，天国较高的道德，岂不便是永恒世界里的道德，而不是现实世界的道德么？饮食男女，人之大欲存焉，若果以禁此为高，基督教的道德不全是出世主义么？（保罗的话比此更甚，见《哥林多前书》七章二十五至三十节，兹不备引以节篇幅）耶稣与门徒都以为末日将到，天国来临，人能屏弃连累，可以少受苦痛，（《哥林多前书》七章三十一，三十二节）所以关于永恒世界的生活与现实世界的行为，有浑然不分的指示。这不是说耶稣基督主张出世，他若主张出世，又何必成身入世，走人间的苦路呢？他乃主张用出世的精神，做入世的生活。他临难之前，为门徒祈祷曾说："他们不属世界，正如我不属世界一样……我不求你叫他们离开世界，只求你保守他们脱离罪恶……求你用真理使他们成圣。"（《约翰福音》十七章十四至十七节）以上所述不积财，不娶不嫁，可以说是为少数的门徒讲的；这少数人用永恒世界里的精神在现实世界里服务，足以有转移改革这现实世界的作用。超世的道德对于饮食男女的世俗的道德是一种警告，一个晨钟，原是这现实的世界所不可或缺的。门徒之所以能为光为盐为山上之城者，就是为了这个缘故。

论到这个现实的世界，我们应当知道它的内容，也应知道人的性质。且不论历古以来世界是怎样的，看一个时代，就可以了然于千代万代，只是一个道德上的混沌，一个人欲横流，黑漆成团的叛乱，今日的世界尤其是这样。上一世纪，人以为科学鼎盛，人可以控制自然，改造社会，用自有的力量造一个地上的天国。人们做了这个美梦，又经过了第一、第二次世界的大战，将毒蛇猛兽一齐放出来，将文化基本一齐摧毁，问题愈来愈多，苦难愈来愈深，罪恶愈来愈出奇，似乎有点惊醒了。有思想的人，恫瘝在抱，悲悯为怀，对着这世界，只有直发愣，看不见这世界有什么根基，有什么意义，有什么归向。谁造成了这个局面呢？是人。且不论别的，只讲道德方面。学问研究所至均是相对，看不到绝对的本原，于是道德也是相对的，甲国以为是，乙国可以为非，甲代以为是，乙代可以为非，纵亦是相对，横亦是相对。道德范围之内既无金科玉律，复欠地义天经。当然人就莫知所从，莫知所至了。相对论之外，又有道德上的主观论。所谓之真，既无标准，所谓之美，亦无定质，所谓之善，更无客观的存在。有世界，无上帝，当然善之为善，就成了一种人定的规则，一种彼此对付的手段。价值云云，不过是人之所欲者而已。人已饱暖，则求金珠钻石，人遇大饥，金珠钻石就不及斗米之有价值了。道德不过是金珠钻石而已，承平时可以用之为装饰；饥荒战乱时可以弃之如泥沙。相对论与主观论已足给道德一个致命的打击。但还要加上心理学社会学的支持，主张解放，不主张克制，于是乎人里面的豺狼虎豹嗥叫于城野。酆都既辟，饿鬼难收，世界转瞬而变了地狱。这还不彀，机器又将人寰造成一个连锁，人投其中，做了千万转轮中的小轮子，只是跟着转，不能自动而自由。政治经济变成了全盘的统制，管人的事，也管人的心，管人的灵魂。这不是说相对论主观论心理学社会学以及政治经济的组织没有价值。这些东西果然加增了我们的知识，加增了我们控制自然的力量。我们决不要开倒车，决不能说历史是倒退倒行的。所要指出的是这些都是好的，都是有用的，都在积极或消极方面给人明白世界，管理世界的权能。只是缺少一个调剂稳定的力量，使人与人平均的权衡；只是遗失了一个根基，一个标准，一个归托。犹之大海上的巨船，一切都有，有轮有樯有机器有一切一切，而少了罗盘与转舵。世界不能拒绝上帝而自保，不能没有耶稣基督而自足，不能摈弃基督教而有道德的根基与标准。

在今日的世界上道德几乎是完全破产了，所存的仅有功利主义享乐主义与实验主义。这些主义，简直是同实而异名的。功利主义所求的是功利，所谓道德无非是谋得功利的工具，达到功利的方法。若说立德即是立人，立人即是立德，那末道德既是工具与方法，人也只是工具与方法了。人之不存，功利何有，此之谓自尽。享乐主义亦然，以享乐为道德的目的，道德为享乐的工具；人为物生，亦为物死，于人也何有。实验主义亦复如是，所求的是效率，所持者为工具，有效为真，无效为假，真假莫辨，于人云何。有有效而假，有无效而真，真假所以不得其辨。真假无辨，人之真假安得有辨？凡此种种均可谓之无人主义；其实人无上帝，世界又安得有人？凡此种种都可谓是惟实的，是以人性的实际为根基的。世人莫不趋利而避害，莫不贪生而恶死，莫不求乐而怕苦，莫不思逸而憎劳。人之中有意志的冲突,有利益的冲突,冲突不已,必有斗争,斗争不已,必有灭亡。若欲使人避免冲突,减少斗争,总须有一个限制行为的规则,有了规则又总须人自愿去遵行。而驱使人去遵行的,决不能是道德的意识,决须是利害的观念;人见作道德行为有利,不作有不利,自然就循规蹈矩了。讲利害的,决不能讲是非真假善恶,因为是与真与善,都要与利相冲突而为害,非与假与恶都要与害相提携而为利。所以利害之心甚而是非消泯,真假善恶无论已。今日的世界,大体而论,是不讲是非而崇视利害的,所以大乱。不但今日的世界,从古以来,常是如此;所以世界老是处于上帝审判之下,伏于上帝的忿怒之下。所以人的行为不受道德的支配,内心的决定,而常为法律习俗与论教育所制裁。

法律轻赏而重罚;所持的是外铄的,机械式的制裁。在法律之下,奸淫偷盗欺诈诳骗凶杀等行为,均有刑罚,其思念动机均无抵制;人们乃因惧怕刑罚,不作违法的事,无有行为,即可以逍遥自在,谁也不能问其心中有多少负嵎的考虑,蟠踞的毒蛇。文明鼎盛的国家里,法律多于牛毛,纤纤小事,都可以求法律的解决。例如甲毁乙,败坏了乙的名誉,乙可以由诉讼而要求赔损失。夫打妻,妻受了小委屈,可以诉诸法庭,要求离婚。借债不还,债主可以控告债户;口角不已,两造可以要求官府的裁判。人们的道德于是乎一大部分成了法律问题。法律可以越出道德的范围,将苏格腊底毒死,将耶稣基督钉死。法律的网,小鱼漏不出,大鱼漏出来。法律的经纬,长及于无关于道德的行为,例如行路的靠左靠右,进止的绿灯红灯,均由法律的指定,以为维持秩序的规则;广及于无关善恶的准则,例如权衡尺度,均由国家订定,法律守护,以及辅助交易的章程。但是仅有法律而无道德,人们不能有品格,因为法律可以禁小人，不能造君子。法律无脚，所以“徒法不能以自行”，因为“其人存，则其政举，其人亡，则其政息”。法治的背后须有超乎绳墨的善意志，善人格。至于风俗可以补法律的不足，可以维系礼仪，节制行为，调剂送往迎来，养生送死等事。我们的同胞借钱办喜酒，欠债办丧事，请吹打，延僧道，都是风俗在那里弄把戏。风俗包括着一时一时的好尚。少女取母亲汗血的工资而烫头发，穷人饿肚子而穿西装，都是好尚在那里作祟。当然风俗淳良，人们可以雍雍相让，好尚得宜，可以正直为人劝，节义为士风。风俗风气的背后仍旧须有善人，须有贤人君子。舆论则能毁能誉，是使人不越规矩的经济的办法。只是舆论无记性，暂时汹涌，旋即遗亡；且有时鞭长莫及，人可以迁徙而逃出清议的手掌。教育则给人知识，使人明白因果，使人得修习上的训练。但是教育还是无能的，盲目的；无能，因为教育不能使沉沦的人得重生，盲目，因为教育可以制造更聪明更有技巧的盗贼与枭雄。说来说去，在上帝的审判之下，这个世界终没有自作的方法制止祸乱，终只显得人能制物不能自制的缺陷。讲求道德而没有客观的基础，绝对的标准，实践的力量，究竟的鹄的，是枉然的，徒劳而无功的。

基督教的信仰跨着两个世界，在永恒世界里，道德以上帝的本性为客观的基础，以耶稣基督为绝对的标准，以圣灵的恩助为实践的力量，以万汇群生在耶稣基督里同归于一为究竟的目标，有清楚的指示，有庄严的光华。但是我们要问现实的世界既是在上帝的忿怒与审判之下，基督教所主张的道德果然行得通么？信徒在世界上，果然能完全爱上帝爱人，绝对的奉行上帝的旨意么？

要答复这个问题，我们须分开纯粹的个人与和社会连带的个人，作差别的讨论。世界在罪恶之中，一个忠实的信徒，不能不与罪恶发生间接直接的关系。信徒是耶稣基督的弟子,同时又是国家的国民,对于父母是子女,对于子女是父母,在社会里是公民,是主是宾,是上司,是下僚。一切是一个关系之网,在关系网里,不能不受关系的经纬的牵制;不在关系网里,不能有人的存在,人的生活。信徒上受上帝的命令,下受罪恶的包围,要怎样才能完全奉行圣谕而不犯罪恶呢?要怎样,耶稣基督的救赎才能在信徒身上发生完全的效用呢?譬如国家有战争,若系侵略他国,信徒可以宁受刑罚而不参加。这样做,他的父母妻子同受苦难,他可以不顾及么?他心灵之内若得启示,当然可以撇弃父母妻子以及自己的性命而遵行上帝的旨意。若不得启示,应当怎样做呢?国家若系被强国侵略而有抗战,信徒又当怎样行呢?他作基督徒,身跨两个世界:一个世界拉他往东,一个世界拉他往西;往东则不抗敌而免于杀人,免于杀人而忍看同胞沦于万劫不复的压制;往西则抗敌杀人,虽未必能彀拯救同胞,却已尽了本分,竭了心力。东亦是犯罪,西亦是犯罪,又如何而可以完全奉行上帝的旨意呢?纵有绝对的标准,他在相对的世界上,如何能彀遵照而行呢?若上帝可怜他,使他觉得应当抵抗侵略,他就掮起枪来杀仇敌,然而所杀的岂不也是上帝的子民么,杀了岂不也是罪恶么?他若是纯粹的个人,他可以超脱一切而奉行神旨,虽身为奴虏,亦死而不怨。无奈他不是纯粹的个人。世界上也没有纯粹的个人。为他之计,只有两善相形取其大,两恶相彰取其小。有所取,取必有恶,在上帝面前,他是背负世界的罪的,只有在上帝面前俯首认罪,诚求宽恕。又譬如盗贼追人,持刀欲杀,人在信徒面前逃过,逃过之后,盗贼随到,问信徒说见其人否,往何方去。信徒应答何言?若指西说东,他即撒谎,得罪了上帝;若说不知,他亦撒谎,亦得罪了上帝。若说真话,盗贼追上了人，杀了他，岂不等于信徒杀人？说了真话也是犯罪，得罪了上帝。若说知而不言，盗贼怒而迁杀于他，他若是纯粹的个人，死固无妨，若有父母妻子，死则连累全家，甚至可以使父母妻子因而连带的死了。那末即说不肯言，亦是罪恶，亦得罪了上帝。左右前后上下四方莫非是罪，不是难乎其为善人，难乎其为信徒么？在这种情形之下，他只有从中国圣贤所说经之不足、济之以权的办法。孔子曾说："言必信，行必果，硁硁然，小人哉！"孟子反这句话而说："大人者，言不必信，行不必果，惟义所在。"虽然这样，无论如何，他仍旧犯了罪，只有低头忏悔，求上帝的可怜。他若无家无室，无有牵连，那末他尚有路可走，只说他不愿告诉，宁愿自死，倒可以为世界立义。不过他至终不是一个纯粹的个人。以上所提不过是两个譬喻；此种谬辖之事，触手皆是，触目皆是。人自己是有罪的，人的世界更是有罪的；住在世界里，只有善取其大，恶取其小的办法。而善取其大，恶取其小，仍须圣灵的指引。上帝借着圣灵向人下命令，只有人亲自听见，亲自答复，完全奉行，便是上帝的恩典。据我们所知的，只有纯粹的个人可以不犯罪，与他人牵连的人不能完全不犯罪。只有恳求耶稣基督的救赎一时一时的洗涤罪愆。我们深信在无可奈何的世界上，耶稣基督的救赎要继续不断地洗涤人，安慰人，救度人。我们也深信只要人存心完全服事上帝，上帝监察，必加恩于心术不亏的人。

以上所论仅及于个人。若论团体，我们还要问它与世界应当作什么样的周旋。基督教的团体当然以耶稣基督为绝对的道德标准，所要问的是怎样遵照这个标准的问题。譬如教会要信徒捐钱，所有的钱，在这世界上无非是不义之财，教会应当受用么？譬如国家有战争，教会是超乎国家的，又是在国家范围之内的，应当作何种的指引，何种的表示。各宗派的政策不同，所用的方法也不同。团体小，可以在某种可能情形之下，逃避世界，作出世的苦修。上帝的旨意，不要人逃避世界，而保全自己的清洁。逃避世界是逃避责任，是不道德，是犯罪。何况今日的世界已经没有了清静山林，没有了隐遁的桃源。首阳山是周家的首阳山，薇蕨是周家的薇蕨。第二个法子是作双重的行为，是罗马教[7]的办法。按照这个法则，教会可以分作两部分，一部分完全服从上帝作修士修女，犹之佛教里的高僧；一部分入世应接，完全与世界周旋，用世界的方法，犯世界的罪愆，犹之佛教里的知客僧。依照这个办法，入世的部分因已犯罪了，那出世的部分，借着入世的部分保护他们，维持他们，使他们不与罪恶直接交涉，难道果真无罪么？出世的部分与入世的部分可以完全分家么？若不能分，那末不犯罪的成功，是依赖犯罪而成功的，安得谓之无罪？安得谓不犯了甚深奥妙的罪？况且教皇专制，实行全权，用武断的方法，判断真假善恶与是非，制造了机械式的宗教，以个人的主张为上帝的旨意，岂不更在上帝的审判之下么？第三个办法是友爱会的办法。这个宗派要在世界上实行唯爱主义，反对战争，不参加战争。在战争的时候，有人受刑，有人坐监，被称为良心的抗恶者。该派许多信众在战争上，为红十字会的护士，为救济工作的职员与领袖，任劳任怨，不辞劳瘁。然而他们也深深的在罪恶之中。间接的参加战争，依然是参加战争，参加即是罪。不直接战争，似乎是依赖着他人的流血而得自身自由的保障，自己的义依赖他人的罪而成全，即是罪。在极权国家里，他们不能存在；他们的存在，乃有赖于国家的容忍，并非完全自力谋求的结果，并非完全依托上帝的结果；有赖于有罪的国家，亦即是罪。第四个办法是将个人与公共的生活分开，使教会全体中每个分子慎作个人的生活，在公家的事情上各自为计，教会不能指引，不表示策略。譬如信徒做了外交家，自己不撒谎，不欺人，尽各样本分，在代表国家的时候，将自己按下，为自己的政府作喉舌，像作机器一般。在个人我们不敢议，他必须作自己的决定，受上帝的审判。但是教会不负责任，即是犯罪，不作切实的导引，失去了先知的功能，即是犯罪。教会同时若担任社会的服务，使整个团体做了服务的机关，不问上帝的审判如何，国家的行为在道德上的性质如何，教会即不免失去根本，亦不能逃避犯罪的事实。

以上所提个人与团体两方面，好像暗示着基督教的道德，全备的爱，是必然通行于永恒世界里，而必不能通行于现实世界里的。本书并不作这样的想法。所要提出的是：第一，人是有罪恶的，须要耶稣基督的救恩时时给他作向导；世界是有罪恶的，须要深受救恩的信徒与教会向他施感力，作纠正，甚至于挑战，督责，与斗争。第二，基督教的伦理是超越的，根本由上帝本性中垂降的启示，不是一朝一夕之间，便在不曾得救的世界上行得通的；所以教会与信徒有进攻的责任。第三，基督教的道德是充分的道德，有根基，有标准，有模范，有法律，有权能，有归宿的，也是可以实行在这个世界上的。人努力实行基督教的道德生活，是戴罪图功的行为，是带着创伤在罪恶中冲锋陷阵的行为。斗士精忠，心中不犯罪，所染的罪污，有如战场上所受创伤。耶稣基督固然已经完成了救法，已经得了全备的胜利。他所开的是一条又新又活的路。路是开了，行走是我们的责任。我们还没有得到胜利，还在战争之中。若要谋求道德上的成功，我们还得要背着十字架往前直冲。

有几件事，是必须作的。第一是事事祈祷，恳求上帝的指引，圣灵的援助，叫我们能竭尽智慧与力量，务使每一种选择不为自私偷安的心理所转移，每一种决定受过信仰与爱律的批评，经过可能感觉得到的上帝的准许。第二是信徒在爱中，用谦卑虔诚的心，彼此商讨批评，务使所有的抉择，在可能范围与上帝的许可中，实行出来。第三是背着十字架准备作牺牲，时刻不忘记信徒所走又新又活的路是耶稣基督受死复活，由死人生的救赎之路。在个人方面一切的一切是心术正直，灵性里不给罪恶留丝毫的地步，一切的一切是不仗自力而凭持圣灵的权能去作的。成功则归荣耀于上帝，失败则忏悔求恕，再接再厉，永远不失望，永远不灰心。在教会方面是谋求信众的奋兴，谋求信心的增长，热情的蓬勃。上帝是烈火，圣灵是火焰，要烧着信众的心。世界的罪恶是邪火，正在燎原，不可乡迩。只有上帝圣坛上的火，燃烧在我们心中，使我们的热情喷发，有勇敢，有胆量，才能够克制邪火，使其化为灰烬。只有圣火可以制胜邪火。其次教会要集合各方面有识力有热心的信徒，详细讨论目前的危难，谋求合乎上帝旨意的对付与解决的方法。一方面要对信众作切实的指导，一方面要决志不偏不倚，不与任何政治经济的势力相结构，不为任何党派团体所利用，更不急求教会自身的保存。耶稣基督若求自身的保存决不会走到骷髅地去，也决不会成功了救赎的圣工。教会的所以然，是要传福音，为真理作见证，是要发先知的声音，在牺牲里补足基督苦难的亏阙，而拯救世界。上帝创造世界，是超越的进入世界；上帝话成肉身，是超越的进入世界；上帝在耶稣基督里舍己受死升天，是超越的进入世界；上帝的圣灵降临，引人进入真理，得获权能，是超越的进入世界。惟有上帝进入世界，才能使世界脱离罪恶，归回到上帝的怀里。全部的基督教就有超越的下降，在世界之内，成功世界的救赎，也就是超越的，永恒世界的道德，下降而进入于现实的世界。教会是基督的身体，信徒是基督的肢体，整个的圣会是一个继续耶稣基督的，逐渐成形的话成肉身。她的圣工是使超越的基督教的道德，贯注在现实世界之内。话成肉身是基督教的中心事实，中心信仰，中心生活，在人看来是不可能的事，在上帝全知全能全在全爱的运行中，那不可能的竟成了上帝的胜利。基督教的道德要在世界上通行，也似乎是不可能的事，然而上帝将使命加在教会身上，加在信徒身上，要我们移山倒海，做那不可能的事。看哪，罪恶的世界虽然狂妄违逆，却叹息劳苦，要求救赎；只在基督教能为世界造一个道德的基础；只有基督能够拯救世界出罪恶，而归回到上帝的怀里。

一九四八年五月十九日

【编者注】：

①单位教：指“一位论派”。基督教新教教派之一，产生于16世纪欧洲宗教改革运动。主张上帝只有一个位格，否认“三位一体”之说，故亦称“反三位一体派。”

②见《诗篇》第十九篇一至五节。

③见《诗篇》第八篇三至四节。

④“话成肉身”：即“道成肉身”，本书中均用“话成肉身”来表示。

⑤“石头呼喊”：语出《路加福音》十九章四十节，耶稣最后一次进耶路撒冷的时候，门徒与群众夹道欢呼，法利赛人为此责问耶稣。耶稣回答说：“我告诉你们，若是他们闭口不说，这些石头必要呼叫起来。”

⑥“拯救”原文为“被救”。

⑦罗马教：指天主教。

赵紫宸先生学术年表*

1888 年

2 月 4 日生于浙江省湖州市德清县新市镇，家境贫寒。

1910 年

东吴大学毕业，获文学士学位。在东吴大学附中任教。

1911 年

发表"杂说四则：幽暗先生、北地老人、洗衣妇、孝子"和"论教会之自立人才"。

1916 年

获美国田纳西州范德比尔特（Vanderbilt）大学文学硕士学位。

1917 年

获范德比尔特大学神学学士学位和校方颁发的创校者奖牌，其论文题为"The Problem of Evil"。回国后任东吴大学哲学教授。

1918 年

在《Chinese Record》上发表"The Appeal of Christianity to the Chinese Mind"。

1919 年

为寻求中国基督教会的统一，与其他基督教学者共同在北京

---

* 本年表由李维楠编撰。

创立证道团并出版《生命》月刊。

1920 年

在《Chinese Record》上发表“The Problem of Securing College Graduates for the Christian Ministry”。在《青年进步》、《生命》刊物上发表“促进宗教革新的势力”、“对于《信经》的我见”、“新境对于基督教的祈响”。

1921 年

在基督教青年会举办的庐山夏令营上讲授宗教问题。

发表“Christian Cooperative Organization”和“圣经在近世文化中的地位”、“罗素的基督教观念的批评”、“我为什么要读？用什么方法读《圣经》?”、“基督徒的人格”、“耶稣的上帝观”。

1922 年

任东吴大学教务长。

代表江苏基督教监理会参加上海全国基督教大会,发表演讲“中国教会的强点与弱点”,并当选中华基督教协进会执行委员。

发表“Can Christian be the Basis of Social Reconstruction in China?”,“My Impressions of the National Christian Conference”,“Christian and Non-Christian Reply to the Anti-Christian Movement”和“宣教师与真理”、“中国教会前途的一大问题”。

1923 年

任东吴大学文学院院长。

出版《宗教与境变》。

发表“The Relation of the Chinese Church to the Church Universal”,“Fulfilling China's Spiritual Inheritance”,“A Glimpse at One Chinese Christian Worker”和“我的宗教经验”、“中国教会的强点与弱点”、“我们要什么样的宗教”、“美满生活是什么?”。

1924 年

参加牯岭中华基督教协进会第二届年会,用英语发表演讲“本色教会的商榷”。

发表“The Significance of the National Christian Council to the Chinese Church”,“Some Thought on International Relation”,“The Chinese Church and Changing China”,“Some Chinese Books Recently Published”和“中华基督教的国际问题”。

1925 年

出版《基督与我的人格》、《基督教哲学》。

发表“The Work of the Committee on the International Relationship of the National Christian Council”和“信徒的生命”、“关于‘一个宣教师思想的演变’之讨论的一封信”。

1926 年

任燕京大学宗教学院宗教哲学教授兼燕京大学中文系教授。

出版《耶稣的人生哲学(登山宝训新解)》。

发表“更大的工作”、“基督教文字宣传问题”、“今日中国的宗教思想和生活”、“晨祷”、“我对于青年中华基督教协进会年会的返顾”、“研究儒家属于宗教部分的材料”、“中国人的教会意识”、“基督教在中国的前途”。

1927 年

获东吴大学文学博士学位。

赴瑞士洛桑参加基督教信仰与体制大会。

发表“The Chinese Church Realizes Itself”,“Training for Christian Service”,“My Idea of Spirituality”,“Our Cultural Heritage”和“风潮中奋起的中国教会”、“敬致全国中国基督徒书”、“我翻译赞美诗

的经验”、“基督徒与中国文化”、“我对于创造中国基督教会的几个意见”、“基督教与政治”。

1928 年

任燕京大学宗教学院院长。

代表中华基督教协进会参加耶路撒冷世界基督教宣教大会。

出版《万方朝圣录》。

发表“Christianity and Confucianism”和“朝圣杂录”。

1929 年

出版译作《前三福音问题》。

发表“Christian Literature Situation”和“耶稣是谁？——耶稣是人的朋友”、“耶稣对我的意义”、“先进教会对于后起教会的一个根本要求”、“陶诗中的宗教”、“中国有没有教会”、“我对于本年中华基督教协进会年会的返顾”。

1930 年

出版译作《科学、哲学与宗教四讲》，印行白话诗集《打鱼》。

发表“Religious Situation in China”和“五年运动者应有的觉悟”、“青年基督徒的个人运动”。

1931 年

出版《祈响》、《团契圣歌集》和《民众圣歌集》。

发表“A Preface to the Moral and Social Problems of Chinese Youth”和“新时代宣教法的商榷”、“教会需要现代的青年么”、“教会与现代青年”、“基督徒对于日本侵占中国国土应持什么态度”。

1932 年

赴英国牛津大学进修并教授中国诗歌。

发表“The Church”和“我们的十字架就是我们的希望”、“宗教教育者应如何应付国难”、“燕大基督教团契述略”、“基督教与中国的心理建设”。

1933 年

出席爱丁堡会议并发表演说“Jesus and Reality of God”。

1934 年

发表“牛津团体运动”、“《我从前是外教人》(书评)”、“一条窄而且长的路”、“耶稣基督”、“今日中国的青年还该学耶稣么”、“基督教的中心信仰”、“评《宣教事业平议》前四章”、“我对中国高等神学教育的梦想”。

1935 年

出版《耶稣传》。

发表“Christian Unity”,“The Meaning of the Church”和“一个导师随意为一个青年作社会福音的小注释”、“青年宣教师的读书问题”、“现代人的宗教问题”、“中国民族与基督教”。

1936 年

出版《学仁》,部分诗歌被收录入《普天颂赞》。

发表“The Pathway by Which I Know Jesus”,“Message of the Cross for China”和“学运信仰与使命的我解”、“这正是我们献身的时候”、“上帝的存在对于人生有何影响?”、“上帝是否是可见可信的?”、“怎样能使我信仰基督?”、“上帝是从哪里来的?怎样证明他的存在?”、“上帝造人的目的是什么?”、“《圣经》上说的话,确有其实么?是否一字一句都可信?”、“请用科学方法说明耶稣为童贞女所生”、“耶稣的人格与精神绝对的利他,是否有史以来,只此一人?”、“耶稣是否再来,来在何处?”、“不信耶稣为神子,能否生一种火热的力量?”、“基督教不要上帝,是否可能?”、“耶稣与上帝之间有何关系?”、“上帝若为万能而又爱人,为何不将魔鬼或罪恶扑灭? 若为锻炼世人,岂不太忍心么?”、“‘耶稣为基督’——平吴雷川先生之《基督教与中国文化》”。

1937 年

出版《传道解惑》。

发表“Christianity and the National Crisis”和“吴雷川先生小传”、“我怎样才可以感觉上帝的存在”。

1938 年

代表中国基督教会参加印度坦巴兰召开的世界基督教宣教会议并发表演说“Revelation”。

自费刊印诗集《玻璃声》。

发表“The Future of the Church in Social and Economic Thought and Action”。

1939 年

应中华圣公会之请,出任昆明文林堂圣工,为流亡学生讲道。

出版《巴德的宗教思想》。

发表“A Chinese Delegate Looks at Tambaram”和“基督教与哲学”、“灵障篇”、“宗教论文集”。

1940 年

赴西南联合大学演讲,讲稿在《金陵神学志》刊出。

发表“Christian Faith in China's Struggle for Freedom”和“新时代的基督教信仰”。

1941 年

经香港圣公会何明华主教按立为中华圣公会会长。

出版《耶稣小传》。

发表"What I Believe"。

1941年12月8日－1942年6月1日

被日寇逮捕入狱。燕京大学被迫关闭。

1944年

与作曲家张肖虎联手创作大型清唱剧《圣诞曲—基督降生神乐》，在天津青年会礼堂举行"冬赈济贫"公演。

1945年

继续担任复校后的燕京大学宗教学院院长。

1946年

被司徒雷登解除宗教学院院长职务。

出版《从中国文化说到基督教》、《教会的体用与其必要性》。

1947年

重新当选宗教学院院长。

参加加拿大惠特比世界基督教协进会筹备会，赴美出席普林斯顿大学创立二百周年纪念会并获神学博士学位。

出版《基督教进解》、《圣保罗传》。

发表"The Articulate Word The Problem of Communication"和"创造与再造"、"普世基督教会协会的动向"、"上帝亲自来"。

1948年

出席荷兰阿姆斯特丹世界基督教协会成立大会，并当选为六位主席之一。

出版《系狱记》、《基督教的伦理》、《神学四讲》、《基督教教会的意义》、《基督徒职业的召命》。

发表"Training and Maintenance of the Christian Ministry"，"Christian Witness in China: Where the Church is a Minority in a Non-Christian Environment"和"基督教教会的意义"、"上帝"、"基督徒学生运动有方向么?"、"基督徒职业的召命"。

1949 年

作为宗教界五代表之一参加政协首届会议。

发表"Amsterdam in the Perspective of the Younger Churches","Days of Rejoicing in China","Christian Churches in Communist China","Red Peiping After Six Months"和"漫谈神学"。

1950 年

先后三次受周恩来总理接见,并参与发表宣言"基督教在新中国建设中努力的途径"。

出版《中国基督教教会改革的途径》、《审判之下教会的革新》。

发表"我被逮住了"、"用爱心建立团契"、"今后四十年中国基督教教义神学可能的发展"、"宝贝放在瓦器里"、"为一个真的中国教会奋斗"和译作"哲学与运命"。

1951 年

为抗议美国发动侵朝战争,辞去世界基督教协进会主席职务。

发表"我们要坚决反对美帝武装日本"、"中国教会革新中的自传问题"。

1952 年

被解除教职和圣职。

1979 年

11 月 21 日病逝,翌年,遗作《璇玑图》在香港出版。

超越，踏着伦理的阶梯

——《神学四讲》与赵紫宸神学

唐晓峰

赵紫宸(T. C. Chao)是举世公认的中国基督教神学家、宗教教育家、文学家。他于1888年2月12日生于浙江德清一个没落的商人家庭。15岁入读苏州长老会所办的萃英书院，之后又进入由美南监理会(Methodist Episcopal Church, South)设立的东吴大学学习，1907年受洗成为基督徒，1914年秋，赴美国梵德贝尔特大学(Vanderbilt University)攻读神学，兼研究社会学和哲学，三年后他以优异的成绩获得神学学士和文学硕士学位，并获得梵德贝尔特大学“创校者奖章”①。回国后，赵紫宸成为东吴大学哲学教授，并于1922年开始担任东吴大学文理学院院长。1926年，赵紫宸受聘于燕京大学宗教学院，于1928—1952年担任燕京大学宗教学院院长。② 在此期间，他在1932—1933年到

---

① Winfried Glüer, *The Legacy of T. C. Chao*, in *International Bulletin of Missionary Research*, Volume 6: 4, October, 1982, p. 166.

② 紫宸先生曾经因宗教学院发展路线问题与燕京大学的实际负责人司徒雷登发生龃龉，甚至在1946年到1947年这段时间，被免去宗教学院院长一职，转由李荣芳担任院长。1947年，赵紫宸由美回国后，在瑞士教会史教授王克私的提议和拥护下，重新被推选为宗教学院院长，而且此时被选为世界基督教协进会六主席之一的赵紫宸，获得了宗教学院绝大部分中外教授的拥护。

英国牛津大学讲学，并分别于1928年、1938年、1947年三次代表中国基督教界参加在耶路撒冷(Jerusalem)、印度马德里斯(Madras)和加拿大惠特比(Whitby)举行的世界宣教会议(International Missionary Council Meeting)，还在1948年荷兰阿姆斯特丹举行的世界基督教协进会(World Council of Churches)第一次会议上当选世界基督教协进会六位主席之一。1947年，他到美国讲学，获得了普林斯顿大学荣誉博士学位。解放初期，赵紫宸作为中国基督教界五位代表之一，参加了中国人民政治协商会议第一届全国委员会会议。[①] 1953年，华北区各神学院联合组成燕京协和神学院后，赵紫宸受聘为研究教授。并于次年8月，当选为中国基督教三自爱国运动委员会常务委员。在文革期间，由于其信仰立场，遭到迫害，在孤寂中度过余生，于1979年11月21日病逝在北京。

《神学四讲》写作于1948年5月19日，动因虽为完成中国基督教会广东协会三十周年纪念约稿，实为紫宸先生当时神学思考的“试作”，他认为中国的教会需要有中国人自发的神学，这四篇思考虽是“涓涓细流”，但期冀以此诱发中国基督教界思考神学问题，“源源地将神学的思想与写作涌出来”。写作《神学四讲》时，紫宸先生已花甲之年，与20世纪10、20年代意气风发，期望以基督信仰培育人格，进而达到人格救国的目的不同，经历30年代社会政治格局的动荡，40年代初的牢狱之痛，及至之后历经多年的战乱，此时的紫宸先生对于人性、人生、世事多了几分淡定，乃至悲观，这种淡定、悲观反映在此时的神学思想中，便是对超越上帝及话成肉身

① 其余四位代表分别是：吴耀宗、邓裕志、张雪岩、刘良模。

的基督的绝对信仰、依靠，将曾经置于人类及其社会上的信心移植于上帝的启示中。对人生的悲观通过对超越人生的乐观加以返照，得以平衡。

本导读稿的主体分为两部分：一是对《神学四讲》整体及其各章节加以评介；二是将《神学四讲》置于紫宸先生整个神学思想体系中加以对比研读。

一、《神学四讲》讲了什么？

如书名所示，作者谈论了四个主题：创世论、成身论、救赎论、道德论，换句话说，紫宸先生在本书中分别关注了上帝、基督、救赎、道德神学这四个基督教神学的重要话题。有上帝的创造，才有人类；有人类，便有其罪的产生及救赎的必要；在此之后有上帝成身于基督，施救赎之法；同时亦有了上帝启示下的人类道德及施行道德实践的必要性。四讲在整部著作中互相关联，成为不可分割的体系。

《神学四讲》的写作以上帝在基督里的启示为根基，这和讲求理性、崇尚自然主义的中国文化无疑是相悖的，即使是对于《神学四讲》的潜在读者——当时中国的基督徒群体来说，在诠释之先，紫宸先生也认为有必要说明两点：（一）理性与信仰的关系，用赵紫宸的话说“上帝可以尽理性，理性无以穷上帝”。神学的题材是启示，启示只能是信仰的对象，而不能用理性对这一题材的有无加以判定，人类的理性只是上帝赋予人思考的工具，人类不可将这一工具绝对化，它只能为信仰做解释，让读者明白所信的合乎理性、超乎理性，而非悖乎理性、逆于理性。（二）基督教与中国文化并不冲突。中国的文化都是内在的,而非超越的,所谓理、性、天、道、法,都是与形式、物质合而不离的,都是贴近于自然的,“基督教尽可以讲与中国文化中国民族性相冲撞的启示,将强有力的新血液注射到中国人中间去。基督教所有的是中国所没有的,以有加于没有,当然不必惧怕矛盾与冲突。”明白了上述两点,紫宸先生接下来便开始谈论上帝的启示了。

(一)创世论

创世论一章的阐述可以赵紫宸的一问一答加以总结,就像在《基督教哲学》的写作中,他以小说的形式来展现其神学思想一样。只不过这里多角色的互动换成了紫宸先生的独白,场景如下:

问:上帝什么时候开始作启示?

答:上帝在创造世界的当际便开始了他的启示。

问:上帝什么时候开始创造世界?

答:没有什么时候。上帝自存而永存,不住在时间之内;不变不易,真性常圆。

问:上帝怎样创造世界?

答:上帝用自己的话创造世界,就是用自己创造世界。

问:一句话如何便是创造?

答:我们不能完全答复这个问题,因为创造的化工是超乎人的经验的;我们却又可以不完全地答复这个问题,因为我们有创造的经验。基督是上帝的话,也就是说上帝用基督创造万有。

问:上帝又为什么要创造呢?

答:不为什么。问为什么就是问目的,问宗旨。上帝纯全整一，自无需要达到的目的。上帝不能不作上帝，不能不造万有，为的是上帝是上帝。上帝自己是上帝的目的，是上帝的宗旨。

问：上帝怎样造人？

答：上帝用自己的形象造人，人含蕴着上帝的形象，有自由，可顺上帝，可以逆上帝，一逆上帝，人便堕落于罪中，上帝预定了救法，使圣子成躯。所以创世包含着救世，救世的行为也包含着创世的工程。

问：上帝不能创造一个更完善的世界么？

答：上帝是上帝，不能不作上帝，即不能造出一个更完善的世界来。世界是受造的，不能高于或等于上帝，所造之物必比纯全有所亏缺。更何况上帝所造的一切正是上帝的见证。万殊统一是上帝全在的见证；万有有则是上帝全知的见证，万般流行是上帝全能的见证，一切的一切，是上帝永存、上帝绝对的见证。天地表显得上帝的智慧、权能，存全与绝对，但不能完全揭示上帝的圣善与慈爱。上帝的道德属性须要由人而著。但人犯了罪，须要有一个再造，上帝的再造是他亲自话成肉身，来填满、补足、救济人类的缺陷，于是创世论要成于成身论；成身论要补充创世论。

（二）成身论

1. 何谓成身？

紫宸先生认为人堕落之后，上帝的圣善慈爱无法在人当中彰显出来，人也不能自力回归上帝，与上帝相通，于是上帝亲自话成肉身，做充分的启示，成再造的工程。上帝成身，在耶稣基督里施启示，彰救法，是基督教的中心信条。

2. 何以成身?

以无量入有量,以绝对入相对,以永恒入暂时,必然有所限制,上帝全权全在全能的神性在其成身之时,必然倾而空之,同时,在人生之中,经过艰苦磨砺、屡经试探后,圣善与慈爱可以实现于品格之中,充而塞之。人类所需的是上帝的圣善与慈爱,圣善与慈爱若能成于人生之内,那么救法遂可完成。概而言之,紫宸先生的成身论的关键在倾空说,倾空是倾空上帝超玄的属性,如全知全能全在绝对之类;充满是充满上帝道德的属性,如公义圣善慈爱牺牲之类;倾空为成身之始,充满为成身之终。就此来说,耶稣基督在世界是完全的人,无任何超越人的特殊权利。但耶稣基督亦是神,成身而神在赵紫宸看来主要指品格方面,道德方面的神性。上帝是圣爱,圣爱是神性之本质,那末耶稣基督既因学习顺服而保持至圣至爱,发扬至圣至爱,当然也具有神德有神性。在基督那里,人的本性与神的本性融洽统一。

3. 为何成身?

成身的意义是启示,是要完成再造人生的救法。上帝要将自己的本性,与夫对于世人的旨意,清楚地彻底地告诉人;也要叫人知道人可以达到何等崇高的地位,历史有何等的意义与归宿。永生的上帝,永生的圣善与纯爱,不能见毁灭,不能归朽坏。耶稣的受难、复活成全了启示的意义,彰显了纯全的救法。

4. 成身论中的教会与神学

上帝的话在耶稣基督里面成身,教会是“基督的身体”,因此也在教会中成身,基督的话应由教会继续宣讲,这些讲解来自上帝的召命及圣灵的感动。有了教会的讲解,于是乎有了神学。教会要根据《圣经》供给神学,其间要用人的理知来诠解上帝的话语,上帝的话语无误,但人的理知有限,所以神学处于不断的修正中。同时,《圣经》上的记载也告诉人们,对希利尼人则讲希利尼人的言词,对犹太人应该讲犹太人的范畴,对此赵紫宸发出如下感慨:我们中国的信徒应当向同胞向国人为耶稣基督作宣传作解释。我们要用什么样的言词,要循什么样的方式呢?

(三)救赎论

救赎的因是人类的罪,按照紫宸先生之前的解释,罪即是违逆上帝,违逆上帝一方面是害心逆性,一方面逆天抗命,两者都乱用自由,误作选择,都由于意志倾向于邪途。罪成事实,本性遂亏,本性之亏,便即是恶。至于罪如何而来,赵紫宸归于奥秘,“人的理知有限,转来转去,不见端倪,想是理知的亏欠,不是上帝的有什么亏欠。”这里要紧的不是我们理解不理解,而是罪有没有救法,上帝是全圣全善全知全能,在创世以前便预作了我们的救法。

那么这个救法是如何彰显的?上帝入世成身做成了三件事:一是耶稣基督所言所行体现了纯全良善的生活,是生;一是耶稣基督因纯爱而牺牲,死在十字架上,是死;一是耶稣基督藉着圣善的全能由死里复活升天永不再死启示了胜罪胜死的经过,是永生。三事都具备,才能成就救法。十字架上的舍生的意义与耶稣的生以及死后复活是分不开的。“没有耶稣基督那样生,虽有十字架上的死,死亦毫无意义,毫无功效;没有耶稣基督那样复活升天,虽有十字架的舍生，舍生亦毫无功效，毫无意义。”所以“既有其生，复有其复活升天，耶稣基督的死就成了上帝救人工程中的最高点。”①

那么耶稣的受难、流血、舍命到底为什么或怎样除掉人的罪，让人和上帝和睦？赵紫宸认为传统的赎价论以基督的血作为赎价将人类从魔鬼手中赎出的主张，无异于认可上帝和魔鬼之间的买卖关系；针对代替论认为作为义人的耶稣代替罪人受难的主张，赵紫宸认为人格必须内启，道德不可外铄，所以人不能披戴他人的恶与善，耶稣不能代人受难。息忿论认为上帝恼怒罪人，要置之死刑而后满意，耶稣代其受刑，以无量宝贵的身体，担当了无量罪恶的刑法，满足了无量尊严的要求，赵紫宸认为这显然和话成肉身的教义是矛盾的，隔离了上帝与圣子之间的统一关系；而法统论认为上帝的统治自有法统，作为罪人的人类必须受到惩罚，以维持法统的尊严，于是耶稣待人受过。针对这种看法，赵紫宸认为耶稣不该死，而竟听任其死，这恰恰是破坏了法统；而自由派神学的道德影响论主张耶稣在受难过程中表彰了纯全至大的爱，因而有道德的影响，赵紫宸认为这种看法只是道出了意义的一端，没有道出耶稣为人受死的全部奥秘，这种德化之论不足以引起人们的信受，因为人因其欲望，不能自力行善，德化的影响并改变不了这种事实。②

在批判了以上种种说素之后，紫宸先生认为要正确理解耶稣在十字架的舍生必须确认以下几个前提：1. 上帝在耶稣基督内，圣子的牺牲就是父亲的牺牲。2. 上帝对罪恶果然愤怒，但如果不打破罪为因，死为果这种因果联系，愤怒便无法止息。3. 耶稣基督的

① 赵紫宸：《神学四讲》，载《赵紫宸文集》，第二卷，第550页。

② 同上，第522页。

死启示了上帝的爱，至于极点。没有十字架的死，他虽能表显纯爱，却不能至于这种制高点。4. 耶稣基督的死显明人的罪恶之深。5. 耶稣基督的死，是他对罪恶的不妥协，表面上是失败，实则胜利。6. 耶稣基督是圣善之源，仁慈之本，圣善仁爱，绝不能归于腐朽，所以他死了，又复活了。①

在阐明了这几个前提之后，赵紫宸提出了他的"代替论"思想，虽然耶稣基督不能代替我们建立德行，做"道德上的代替"，但他确实代替我们做了不能做到的事情：1. 他为我们垂示了一个制胜罪恶的法则，制胜了罪恶。这是他代替我们找到并做成的。2. 他代替我们打破了死亡。所以"代替"是为我们成就的意思。赵紫宸在这里所指的"代替"并不是圣愚易位、善恶交替的意思，而是耶稣代替罪人开启罪人不能自开的解救之门。有了他的受难我们就有路可走，没有他的死，前面黑漆一团，无路可行。换句话说，耶稣在十字架上的舍生、复活为我们彰显了救法。我们的道德责任则是努力奋进，制胜已经为耶稣基督所制胜的罪恶和死亡。所以在赵紫宸看来，基督的"救赎"并不是说人可以"不动一指，不作一毫"，如果那样的话，人类便成了废物，做了机械。上帝为什么要救如此的废物、机械呢？他会得到荣耀吗？耶稣代替了我们受死，我们可以"圣而不死"，而事实上为什么我们还是"不圣"，须要努力"成圣"呢？很显然，基督在十字架上的受难代替人类开启的救赎之路，是需要人自己去行的。耶稣基督作成的救法是经过死亡，经过埋葬，经过复活的；我们要得救，也得经过耶稣基督所经过的。人的得救是由于耶稣基督的与人同一，也由于人与耶稣基督的同一，而见到

① 赵紫宸：《神学四讲》，载《赵紫宸文集》，第二卷，第522—523页。

实际,得到实效的。赵紫宸将这种救赎法称为“同一论”。在赵紫宸那里,救赎的目的当然不仅仅是针对个人,再造一个新人生,救法的目的还是要重造再造一个新天地、新社会、新人类。

(四)道德论

紫宸先生在这一章中明确指出,上帝在耶稣基督中的启示是伦理性的根基,道德与神学同出一源,道德的理论是神学的一部分,被称为道德神学。因为神学讲上帝全知全能全在全善这些性德,道德以上帝的全善为出发点。道德律是上帝的命令,即上帝自身的一部分,上帝形象的一部分,人按上帝形象而造,自然也是人的一部分,道德律不外于人,两者相函,原为一体,人遵守道德律,便是顺性,可人类堕落了,违背了上帝的诫命,人里面的上帝形象被罪恶遮蔽了,人不能自拔于罪恶,不复归于上帝,于是上帝的话在基督那里成身,启示圣范、充满圣德、圣善,这是救赎之法中神而人的路径,相对应,人要与基督同一,不但在生活上显出上帝的奇妙,在行为上也要表示出德行的尊崇。在紫宸先生看来,救法要在人的行为上生效率,人与人群必须有道德的生活和行为。

具体来说,耶稣基督在圣德的启示方面都包含哪些内容呢?紫宸先生将其归结为以下五点:第一是善范,第二是诫命,第三是标准,第四是权能,第五是归宿。启示“善范”指耶稣基督建立了纯善纯爱,绝对圣洁的人品,表现了无瑕疵无玷污,毫无丝毫罪恶的性行;启示“诫命”指本来上帝的命令植根于人性之内,但是因为人犯了罪,埋没了自己的本性,所以基督重新启示了这种“诫命”;另外耶稣不但自己为“善范”,叫人学,而且还以自己为标准,叫人衡量自己的心机与行为；同时，赵紫宸认为基督叫人行善是给人力量行善的，所以基督教的道德是带有“权能”的道德。另外，赵紫宸认为道德有“归宿”，才能有意义。这个“归宿”要显明道德的生活与行为所要达到的地步，所要达到的究竟。在个人方面，道德的生活与行为要人进入永生；在大众方面，道德的生活与行为要人成全上帝的旨意，使天国临在，在地上像在天上一样。这就是道德的归宿，道德所要达到的目的。

更进一层说，基督教上帝所启示的道德是一个不计算的生活与行为；是纯粹自发的，内心的，由于切求而得的引导，由于与上帝同在而得的觉悟。但反观今日的道德，结果如何呢？“在今日的世界上道德几乎是完全破产了，所存的仅有功利主义、享乐主义与实验主义。这些主义，简直是同实而异名的。功利主义所求的是功利，所谓道德无非是谋得功利的工具，达到功利的方法。若说立德即是立人，立人即是立德，那末道德既是工具与方法，人也只是工具与方法了。人之不存，功利何有，此之谓自尽。享乐主义亦然，以享乐为道德的目的，道德为享乐的工具；人为物生，亦为物死，于人也何有。实验主义亦复如此，所求的是效率，所持者为工具，有效为真，无效为假，真假莫辨，于人云何。有有效而假，有无效而真，真假所以不得其辨。真假无辨，人之真假安得有辨？凡此种种均可谓之无人主义；其实人无上帝，世界又安得有人？……所以世界老是处于上帝的审判之下，伏于上帝的忿怒之下。所以人的行为不受道德的支配，内心的决定，而常为法律习俗舆论教育所制裁。”

从上而论，基督教的信仰跨越着两个世界。在永恒的世界里，道德以上帝的本性为客观的基础，是耶稣基督所成身启示的，但现实的世界既然是在上帝忿怒的审判之下,基督教所主张的道德果然能行得通吗?对此赵紫宸虽有信心,但还是做出这样的答复:世界上没有纯粹的个人,只有两善相形取其大,两恶相彰取其小。我们只能祈求耶稣基督的救赎一时一时地洗涤人,安慰人,救度人。对于团体亦复如是。紫宸先生的信心在于:第一,人有罪恶,须要耶稣基督的救恩时时给做向导;世界有罪恶,须要深受救恩的信徒和教会给予感化,做纠正,甚至挑战,督责,斗争。第二,基督教的伦理是超越的,不是一朝一夕可在世界行得通的,教会与信徒有进攻的责任。第三,基督教的道德是充分的道德,是可以实行在这个世界上的,人努力实行基督教的道德生活,是带着创伤在罪恶中冲锋陷阵的行为。在此过程中,有几件事是人必须做的:(一)事事祷告,恳请上帝的指引;(二)信徒在爱中,彼此商讨批评,务使所有的抉择在可能的范围与上帝的许可中实行出来;(三)背负十字架准备做牺牲。

“看哪,罪恶的世界虽然狂妄违逆,却叹息劳苦,要求救赎;只有基督教能为世界造一个道德的基础;只有基督教能够拯救世界出罪恶,而归回到上帝的怀里。”这或许是赵紫宸一生之中最后一次将如此的信心赋予其信仰。

二、《神学四讲》与赵紫宸神学思想[①]

熟悉赵紫宸神学思想的读者都会有这种印象,其前后期神学

① 本部分的写作参阅拙著:《赵紫宸神学思想研究》,北京:宗教文化出版社,2006 年版,第一章“赵紫宸神学主要环节的伦理化特征”。

思想有明显区别，前期自由派神学特征明显，而后期颇显新正统神学面貌，《神学四讲》是其后期神学思想的代表作。但读者诸君须注意，在明辨赵紫宸前后期思想不同特征的同时，亦不能对这种区别加以绝对化，将其前后期神学进行割裂，事实是其前后神学亦有一以贯之的主题。

（一）前后期神学对比分析

对比赵紫宸前后期神学思想，我们很容易觅得其中不同的思想倾向，以下我们将分别从上帝论、基督论、救赎论三个方面来总结这些转变：

1. 上帝：内在变动——→超越永恒

虽然上帝在赵紫宸的神学思想中始终处于创造者的地位，但在其前后期思想中，却具有明显不同的造物方式。这种不同主要体现在由“内在”到“超越”、由“自限”①到全能的转变。在赵紫宸早期的神学中，我们更多的是看到一位创造中的上帝。他不断创新，并在创新中实现自己的人格。在这里，基督教信仰中有关上帝的启示变成了人类认识与感受的一种方式，上帝处于一种全能的无能地位。说上帝是全能的，因为他创造了世界万物，并在他的息息永动的爱潮中，进一步将自己扩展出来，依照自己的形象创造了

① 参看赵紫宸：《耶稣的人生哲学》，载《赵紫宸文集》，第一卷，第203页：“上帝的神德，上帝的人格，是在上帝全力向前的行程中，自己肯定的，犹之我人的人格，是在向前的行程中自己肯定的一样。上帝因他普爱的性自作限制，使我们得有人格，并且在使我们得有人格的时候，他自己的人格，因此而愈益彰著。”

人类,并赋予了人类以自由和人格。说他无能,首先在赵紫宸早期的神学思想中,对于上帝人格的体悟依赖于人的认知。虽然这种认知能力是由上帝赋予的,但却具有完全的自主性;其次,在赵紫宸的早期理论中,上帝的人格是息息的向前永动的,它只是一息一时的完美。他的人格同样需要彻底予以展现。然而,上帝完美人格的展现的主动权却没有掌握在他自己手里,而是在他的创造物——人类一边。因为人类的人格是上帝人格在创新中的拓展、流溢,当人类背离了上帝赋予的人格时,上帝的人格也因此受到阻碍和限制。上帝是全能的,但他不能不做上帝,不能不拓展自己,赋予人自由的人格,上帝的全能和全爱正是在上帝"自限"这一点上得到了完美结合。但很显然在赵紫宸早期的神学思想中,上帝的全能在一定程度上因为"自限"而表现为"无能",上帝的"全爱"也是以一定的不爱作为代价的,上帝因为爱所进行的创造活动无疑在给予人类自由意志的同时,也带来了人类的罪,带来了人类道德的沦落,带来了人类社会种种非爱的表现。新儒家的代表人物之一牟宗三在评价基督教信仰时认为,在基督教中信徒"只能信仰那超越而外在的上帝,……因而遂堵绝了'人之可以无限心为体而成为无限者'之路。因为若不堵绝这条门路,则无限心一进来,上帝便成徒设"。[1] 牟宗三的警策之言在赵紫宸的早期神学中得到了充分印证,过分强调人的主体性,最终导致了上帝的"自限"和无能。在后期神学思想中,赵紫宸纠正了早期神学的一些观点,他认为上帝虽然创造了世界,但是世界不能代表上帝的全部,如果上帝内在于世界中,内在于所造之物中,基督教就变成了一种泛神论。

① 牟宗三:《现象与物自身》,台湾:学生书局,1984 年版,第 493 页。

在《神学四讲》中，他如此表述："上帝创造世界，世界不穷上帝，更不限制上帝。上帝若为所造之物所限制，则上帝惟有内在而不超越；上帝内在而不超越，则虽有神乎其神者存在，而所存只是上帝等于世界，世界等于上帝，上帝即是自然，自然即是上帝。所谓宗教不过是泛神教而已，所谓生命，不过是机械式的连锁而已。"①与前期神学相反，此时赵紫宸认为上帝的"人格"是自知自动自足自存的，他是天地群生的大主宰，能弘人，然后人才能行道而弘道。"上帝是主，是父，是根本，自动地运行在人生之内，而超乎人生之上。……上帝其实是无始终，无限量，无形象，无声无息的神明的人格神。"②很显然上帝又重新拥有了他失去的权能。

2. 基督："人而神"——→"神而人"

这里我们将紫宸先生的《基督教哲学》与《神学四讲》中的"基督论"思想加以对比，来看其前后期神学思想的异同。首先，我们来看耶稣是谁？在《基督教哲学》中，赵紫宸认为，耶稣是一个人，是一个具有上帝意识的人，是一个随着年龄的增长，上帝意识不断增强，并宣称自己是上帝之子的人，是随着时间的推移，自觉其弥赛亚意识增强，而自称为弥赛亚的人。耶稣的所作所为，他的完美人格，他的独一无二的上帝意识、弥赛亚意识，表明他有资格做上帝之子，有资格称自己为弥赛亚。但是耶稣是地上的"上帝之子和弥赛亚"，而不是属灵的、天上的基督；他是一个人，而不是神。他的独特的、完美的人格是人类的楷模、榜样和规范。这种榜样、楷

① 赵紫宸：《神学四讲》，载《赵紫宸文集》，第二卷，第530页。
② 赵紫宸：《基督教进解》，载《赵紫宸文集》，第二卷，第93页。

模的人格,与其他的先贤圣人,甚至与普通人并没有什么质的区别,有的只是量上的。而在《神学四讲》中,赵紫宸认为,耶稣就是上帝道成肉身亲自临到世间,他具有与上帝同样的地位,他就是独一无二的神。既然如此,耶稣与人之间的区别不再表现于量上,而是一种无限的质的差别,我们"只有想着神人,顶礼赞叹,欣乐颂扬,将荣耀归于上帝"。[①] 其次,紫宸先生在《基督教哲学》中认为耶稣可以成为基督,但不是生来就是基督,而是有一个逐渐基督化的过程,在赵紫宸看来,这个过程是在耶稣死后,由保罗向外邦传福音的过程中完成的。耶稣的福音,门徒的经验,弥赛亚的观念,犹太的末世思想,异邦人的罪恶,偶像教的暗示,希腊埃及的哲学,保罗自己改信的阅历,适应环境的要求,人类回忆的理性化作用,人生的困苦与艰危,这一切因素最终并和起来,而成就了耶稣的基督化,将这个救世主推向了世界的救主地位。在《神学四讲》中,这个耶稣受种种因素影响制约并逐渐基督化的过程消失了,取而代之的是上帝的话语与基督的直接贯通。此时,赵紫宸认为基督教是基督,是上帝在耶稣里,下降于世的启示,是对于各个人的话,对于全人类的话。这话是由超世界的真实里,就是上帝心口里,降下来,到世界上的。耶稣的出生,就是上帝话语道成肉身充充盈盈地来到人间,就是上帝的临在。

3. 救赎:自救——→求救

既然"罪"是人与上帝人格的分离,是人对上帝的逆反。那么

---

① 赵紫宸:《赵紫宸文集》,第二卷,燕京研究院编,商务印书馆,2004 年版,第 539 页。

人类的罪如何才能得到救赎，这在赵紫宸的前后期神学中有着完全相反的两条路径，这也和他的上帝观以及基督论的转向密切关联。首先，在赵紫宸的前期神学中，由于上帝的人格由人的人格加以制约，甚至上帝人格的产生和实现都以个体人格的实现作为前提条件，所以，罪的救赎的主动权似乎完全掌握在人自己手中，在于人愿不愿意与上帝合作；再加上耶稣在赵紫宸的前期神学中只是一个现实的、历史中的人，是人类学习、效仿的人格榜样。只要人肯信服耶稣，或者按照耶稣所行的去做，人就可以得救。总之，按照赵紫宸前期神学的理论，人获不获救在一定意义上说完全在于人自己，就此，赵紫宸认为"耶稣的救法，一点一横都是教人自己发心，努力直前，在上帝爱的生命里作自救的事功。……其实人神合作，自救即是被救，被救即是自救"。[①] 然而，在后期的神学中，赵紫宸对于前期的救赎观做了反省，在他看来，人类的"救法的全部在我们的求救行为上"。[②] 人类已经在自己得救的道路上失去了主动权，唯一能作的就是求救以及求救的行为，至于是否得到救赎，这是上帝的事，在于上帝的恩典。所以如果说赵紫宸早期的救赎观是建立在人的自救行为的基础上的话，那么，后期的救赎观无疑是有赖于人的求救努力，但这种求救必须同上帝的恩典结合起来。

（二）赵紫宸神学的一贯主题

前后期神学倾向的不同，不代表其前后期思想就是彼此割裂

① 赵紫宸：《基督教哲学》，载《赵紫宸文集》，第一卷，第140页。

② 赵紫宸：《神学四讲》，载《赵紫宸文集》，第二卷，第554页。

的，更不能由此肯定他某一时期的思想而否定他在另一时期的主张，认真分析赵紫宸前后期神学及其转变，我们发现紫宸先生对于上帝、基督和救赎均作了伦理化的诠释。而且在这种伦理化诠释的过程中，无论是上帝，还是基督，抑或是人类自身，均承担着相同的伦理职责。

1. 上帝是圣德之源头

在其整个神学思想中，紫宸先生认为基督教的出发点是上帝，由上帝出发，“故可以解释一切新创的价值，一切道德的实是。”[①]人们必须觉悟到一切真实雄厚的道德生活的背后，必须有一个无形无像、无声无臭、不可思议的根本实在——上帝——做他的原动力与真意义，伦理生活的渊源应该出乎伦理范围之外，应该有一个圣善至公的灵与力。上帝具有圣善的本性，同时因为上帝按照自己的形象创造了人，他也将这种道德的本性置于人的内心中。从而上帝是人类道德行为的根基，是基督教伦理的“所与”。同时，上帝作为基督教伦理的“所与”不但体现在他因为圣善而创造人，给人以善的本性上，还同时体现在他因为圣善而通过基督拯救陷入罪恶的世人这个施救的行为上。“耶稣到世上来作事，其中最基要，最伟大的是启示上帝的真相。耶稣也用言与行表明人登峰超极的品格，但是这种品格的建立，完全是依赖上帝永恒的圣善与慈爱。”[②]

① 赵紫宸：《评宣教事业平议前四章》，燕京宗教时论第三册，燕京大学宗教学院出版，1934年，第26页。

② 赵紫宸：《基督教不要上帝，是否可能？》，载《真理与生命》，第10卷第4期，1936年9月，第277页。

2. 基督因充满神德而为完满神人

尽管在赵紫宸前后期神学中，有关基督的界定差异明显，但这并不代表基督在赵紫宸的前后期思想中就是截然不同的。无论在前期还是在后期神学中，基督启示的都是上帝的无瑕无疵的圣善仁爱的道德人格；基督都是作为一种道德的楷模，来为人们做一个得救的表率、启示一条得救的途径的。只不过前期的道德来自耶稣的上帝意识，而后期的道德来自上帝的"充满"；前期的救世主是一个"人而神"的耶稣，而后期的救世主是一个"神而人"的基督；在前期神学中，人在这个道德楷模的示范下，按照自己的本性实行道德的行为，就能够得救，而后期这个道德楷模虽然仍旧起到一种示范作用，人类仍旧需要根据这种示范实行道德的行为，但至于人类得不得救，全在于上帝的"恩典"。前期的耶稣为人类启示一条自下而上的得救路径，而后期的基督为人们启示了一条上帝从上至下的施救之路。无论如何变化，与人类同在的耶稣是作为一个完全的人的基督，是一个拥有完美道德的楷模。基督在赵紫宸伦理化的基督教体系中，始终是处于"枢纽"的地位，他处于伦理的所与者——上帝与伦理的实行者——人之间，使上帝的道德品性得以垂示，使人内心的道德律得以显明，使人类拥有了得救的可能。

3. 人类的德行是救赎的必经之路

如果说上帝是伦理化的基督教信仰体系的"基础"，是基督教伦理的"所与"和渊源；基督是伦理化的基督教信仰体系中的"道路"，是基督教伦理传递的"枢纽"和手段；那么，罪的救赎就是赵紫宸的神学理论所要达到的"目标"，赵紫宸的整个伦理化的神学思想都是围绕着人的道德行为基础上的救赎观而建构的，即我们可以将人在道德行为基础上的救赎看作是赵紫宸神学的主题。在赵紫宸前期的神学思想中，他认为只要人们按照作为“善范”的基督的指引，实施道德的行为就可以从罪中得到救赎；在后期神学中，虽然他认为人类无法自力从罪恶中脱离出来，但在上帝通过道成肉身的基督所垂的启示的引导下，实行道德的行为，就有得救的可能，这也是得救的唯一希望。虽然此时，道德的行为不再是人类得救的充分条件，但却仍然是人类获得救赎的必要环节。所以无论在前期神学，还是后期神学中，人类的道德行为都始终是人类从罪中得以救赎的关键因素。此外，从赵紫宸神学的主要结构来看，上帝论的伦理化特征和基督论的伦理化特征为个体的道德性救赎铺平了道路。上帝将道德律置于人心，从而使人的本性为善，并且上帝因为善而通过基督来拯救世人，这就为人类实施道德的行为奠定了基础、设置了保障；而基督作为“善范”所拥有的完美道德使他出死入生，达到一种道德和爱的永恒境界，最终与上帝同一，为人们示范了一条通过实施道德行为而得救的唯一途径。于是，基督为人们指明了得救的方向，为了得救，人们一定要实行道德的行为，而上帝又为这种行为提供了基础和保障，从这里我们可以清楚地看出赵紫宸对人类的道德性救赎充满了信心。

三、余论

《神学四讲》为赵紫宸晚期神学思想的代表作，有些评论家认为这篇作品代表了其较成熟的神学思想。但从神学的处境性来衡量，我们无法下断言他此时的神学较他写作《基督教哲学》、《学仁》时期更成熟、更完善，也无法肯定《神学四讲》较《耶稣传》更深入，它们只是紫宸先生在不同境遇中的不同习作，体现了不同的写作风格及思想。所以读者在阅读赵紫宸的《神学四讲》时，须做以下几点思考：（一）赵紫宸此时的神学思想深受当时的时局及国际神学思潮影响；（二）它是赵紫宸神学思想较有代表性的阶段性成果；（三）虽然《神学四讲》是其后期思想的代表作，与前期神学分殊明显，但其前后期思想是一脉相承的；（四）它是一篇随感式的神学试作。

提笔写作《神学四讲》时，紫宸先生的心情并不平静，共产党大军压进北平，他开始忧虑自己曾经将共产主义解读为"压抑人的制度"，他不知道一个无神论政党能否容纳有神论的存在？更不知道自己及自己一手经营的宗教学院的前途和命运如何？在此之前，紫宸先生本可去香港著书立说，也可以滞留美国讲学定居，或随宗教学院迁往菲律宾办学，但他都婉拒了。难怪此时他在《神学四讲》的序言中作出如下假设："上帝若赐予岁月，赐予安恬的心情，则较为有统系的神学书，应可于将来写成。"之后的时日中，上帝确实赐予了赵紫宸岁月，但却没有赐予安恬的心情，他的系统神学试作，永远只是"起了个头"，这个头又该由谁接续呢？